やさしくわかる
学校法人会計

太陽有限責任監査法人 [編]

同文舘出版

はじめに

　本書は、学校法人の経営を担う理事や監事、具体的な業務を担う教職員、その他様々な形で学校法人と関わっている方々へ、学校法人会計基準の改正ポイントをご説明するとともに、経営や実務について現在の状況の確認と、今後の課題の模索に役立つことを期待したものです。

　学校教育の最大の目的は「人間の育成」と考えますが、一定期間で学生や生徒は入れ替わっていきます。年齢に応じた教育をそれぞれの学校が担い、なおかつ建学の精神や校風といった形のないもの（価値）を維持し続けることがいかに大変か、ということは想像に難くありません。
　時代と環境は常に変化し、日本は少子化に歯止めがかからない中、これからの学校は、特に私立学校はどうやって生き残っていくか、それが大きな問題です。

　教育そのものは数字で比較できるものではありませんが、学校の活動は「計算書類」という形で表されます。本書の内容は、経営に携わる方だけでなく、特に、会計や経理業務に関与している方々に、学校の諸活動と会計処理を結びつけて解説することに重点を置きました。それにより業務の効率化を考えるきっかけとなれば幸いです。

　本書は、平成26年12月31日時点で公表されている法令・通知等に基づいています。
　今後も文部科学省や日本公認会計士協会から通知や実務指針などが公表される可能性がありますので、ご利用にあたってはご注意ください。

平成27年4月

太陽有限責任監査法人

> 略語解説

私学法	私立学校法（昭24.12.15　法律第270号）
私学法施行令	私立学校法施行令（昭25.3.14　政令第31号）
私学法施行規則	私立学校法施行規則（昭25.3.14　文部省令第12号）
助成法	私立学校振興助成法（昭50.7.11　法律第61号）
助成法施行令	私立学校振興助成法施行令（昭51.11.9　政令第289号）
会計基準	学校法人会計基準（昭46.4.1　文部省令第18号）
文科省	文部科学省（平成13年1月6日以降、それより前は文部省）

文中では、各計算書類について下記の略号を使っている部分があります。

計算書類名	略称
資金収支計算書	【資／計】
資金収支内訳表	【資／内】
人件費支出内訳表	【人／内】
活動区分資金収支計算書	【活／資】
事業活動収支計算書	【事／計】
事業活動収支内訳表	【事／内】
貸借対照表	【B／S】
固定資産明細表	【固／明】
借入金明細表	【借／明】
基本金明細表	【基／明】

● 目　　次 ●

はじめに・i

第1章　総　論　　1

1. 学校法人会計基準と関係法令の歴史 …………………………… 1
2. 会計基準の目的と改正の背景 …………………………………… 2
3. 改正基準の適用時期 ……………………………………………… 3
4. 改正のポイント …………………………………………………… 4
   （1）資金収支計算書・6
   （2）活動区分資金収支計算書・7
   （3）事業活動収支計算書・8
   （4）貸借対照表（固／明、借／明、基／明、基／明の付表）・10
5. 3つの収支計算書 ………………………………………………… 15
   （1）資金収支計算書と活動区分資金収支計算書・15
   （2）資金収支計算書と事業活動収支計算書・19
   （3）活動区分資金収支計算書と事業活動収支計算書・21

第2章 収入に関連する活動　23

1. 学生生徒等納付金・手数料 …… 24
　（1）活動の流れと管理体制・24
　（2）納付金・手数料の種類・25
　（3）計算書類への計上（表示）・25
　（4）会計処理の判断ポイント・26
　（5）計上額を検証する際の留意点・27
　（6）納付金と一緒に徴収する「預り金」・28

2. 寄　付　金 …… 30
　（1）活動の流れと管理体制・30
　（2）寄付金の種類・31
　（3）計算書類への計上（表示）・31

3. 補　助　金 …… 34
　（1）活動の流れと管理体制・34
　（2）補助金の種類・35
　（3）計算書類への計上（表示）・35

4. 付随事業・収益事業収入 …… 36
　（1）事業の分類・37
　（2）活動の流れと管理体制・38
　（3）計算書類への計上（表示）・38

5. その他の収入 …… 40
　（1）資産売却収入・41
　（2）受取利息・配当金収入・41
　（3）雑　収　入・42

第3章 経常的な支払いに関連する活動　43

1. 人件費 …………………………………………………………………… 44
　（1）各計算書類の科目表示・45
　（2）発令と個人別管理台帳・46
　（3）給与支払業務と管理体制・46
　（4）退職金と退職給与引当金の計算・47
　（5）退職金団体について・48
　（6）年度末の会計処理（退職給与引当金の計上）・49
　（7）人件費の個別論点・52

2. 経費の支払い（物品の購入等） …………………………………… 54
　（1）物品の発注と購入・55
　（2）物品の納品と検収・55
　（3）請求書の受領と代金の支払い・56
　（4）会計処理・57
　（5）経費の個別論点・57

3. 第4号基本金 ………………………………………………………… 61
　（1）第4号基本金の設定趣旨・61
　（2）第4号基本金に組み入れるべき金額の算定・61
　（3）第4号基本金に対応する資金・64

第4章 施設設備に関連する活動　67

1. 固定資産に関連する活動 …………………………………………… 67

（1）取得（購入もしくは現物寄付等）・68

　（2）固定資産台帳・71

　（3）減価償却・72

　（4）固定資産の管理・77

　（5）除却・売却・79

　（6）固定資産に関する個別論点・84

2. 第1号基本金と第2号基本金 …………………………………………………… 89

　（1）固定資産と基本金・90

　（2）第1号基本金と第2号基本金の組入対象資産・90

　（3）自己資金以外による資産の取得と第1号基本金・90

　（4）基本金の取崩し・91

　（5）第2号基本金の設定趣旨・93

3. 複数部門を有する学校法人の「固定資産」と「基本金」…… 96

　（1）資金収支内訳表に計上される固定資産の支出額・96

　（2）固定資産台帳への登録方法・96

　（3）基本金計算・96

　（4）複数部門で使用する固定資産に関するルールの一例・97

第5章 資産運用と資金調達に関連する活動　99

1. 資産運用に関連する活動 …………………………………………………… 99

　（1）現金・預金・100

　（2）有価証券・101

　（3）引当特定資産・105

（4）その他の資産・108
　（5）徴収不能引当金と徴収不能額・109
2. 資金調達に関連する活動 ……………………………………………… 111
　（1）借　入　金・111
　（2）学　校　債・112
　（3）会　計　処　理・112
　（4）他人資金による施設設備の取得・113
3. 周　辺　会　計 ……………………………………………………………… 114

第6章 学校法人会計基準とその他のルール 117

1. 学校法人会計の一般原則 ………………………………………………… 117
2. 都道府県知事所轄学校法人の特例 …………………………………… 119
3. 学校法人会計基準とその他のルール、参考資料 ………………… 119
4. 計算書類の注記 …………………………………………………………… 120
　（1）貸借対照表の注記事項・120
　（2）活動区分資金収支計算書の注記事項・124

5. 部門別会計 ………………………………………………………………… 125
　（1）「資金収支内訳表」と「事業活動収支内訳表」・125
　（2）「資金収支内訳表・事業活動収支内訳表」と「人件費支出内訳表」・128
　（3）部門共通収支の配分方法・132
　（4）内部取引について・133

第7章 学校法人の運営 135

1. 学校法人に関係する法令 135
2. 学校法人の管理運営制度 139
3. 財務情報の公開制度（私学法と助成法より） 146
4. 助成法による会計監査制度 148
（1）決算における内部監査と外部監査・148
（2）監事と監査人（公認会計士または監査法人）・149
5. 学校法人の予算制度 149
（1）予算の重要性・149
（2）予算の編成と実行・150
（3）予算の種類・150
（4）予算書の提出期限・151
6. 学校法人における内部統制 152

付録　学校法人会計基準 157
別表第一〜別表第三・169

第一号様式〜第十号様式・177

やさしくわかる学校法人会計

第1章

総　　論

1. 学校法人会計基準と関係法令の歴史

　学校法人会計基準は、関係する法令の改正や社会・経済状況の変化によって、その内容が適宜改正され続けてきました。

昭和22年　教育基本法と学校教育法が制定される。
昭和24年　私立学校法が制定される。
昭和43年　文部省が学校法人財務基準調査研究会を発足し、会計基準の研究を始める（財務健全性や収支均衡などを重視）。
昭和46年　補助金を受け取る学校法人の共通の会計ルールとして、現行の学校法人会計基準が設けられる。
昭和51年　私立学校振興助成法が施行され、経常費補助金を受け取る学校への会計基準の適用が決まる。
昭和63年度　基準改正 基本金が4つに整理され、組入ルールが明確になる。
平成16年度　私学法改正（施行は平成17年度） 主に、学校法人の管理運営制度の改善と財務情報の公開を目的として改正される。
平成17年度　基準改正（私学法の改正に併せて改正） 基本金の取崩要件を緩和するとともに、貸借対照表の注記事項を充実させる。
平成21年度から適用の改正 　・リース取引とソフトウェアに関する会計処理 　・文科省法人が行う付随事業と収益事業の扱い

平成22年度から適用の改正 ・デリバティブ取引に係る損失に関する会計処理
平成23年度から適用の改正 ・退職給与引当金の計上基準 ・有価証券の評価方法
平成27年度　基準改正

2. 会計基準の目的と改正の背景

　いわゆる企業の会計基準は、その経営成績と財政状態を株主や債権者へ報告するためのルールとして必要だった、という目的から始まっているのに対し、学校法人の会計基準は、文部省などが補助金を適切に配分するために必要だった、という違いがあります。

　企業の目的は利益追求であり、企業会計は利益を測定することが主な目的なので、わかりやすい関係です。

　対して学校の目的は良い教育を永続的に社会に提供することであり（損益計算ではなく収支均衡が重要）、学校会計の主な目的は補助金計算に役立てるため、というわかりにくい関係です。財務状況が悪いからと言って、一概に良い教育を提供できていない、とは言えないわけです。

　今回、私立学校の経営環境が厳しくなってきたことや、他の会計基準の改正や新設（企業会計、国立大学法人会計基準、公益法人会計基準等）が進められていることもあり、教育を担う高い公共性と共益性を有する学校法人会計基準についても、改めて社会に対してわかりやすい説明ができる仕組みを作るとともに、学校法人の経営判断に一層役立つものとする必要があることから見直されることとなりました。

第1章　総論

> 学校法人会計基準の目的
> 　補助金の適正な配分
> 　外部へのわかりやすい報告（他の事業体とも比較しやすい）
> 　内部の経営判断に役立つ（活動別の分析ができる）

今回の改正は、様々な目的を果たす意味のある計算書類にしていこう、ということです。

3. 改正基準の適用時期

今回の改正基準は、学校法人の所轄庁によってその適用時期が異なります。
▶文部科学大臣所轄学校法人の場合：平成27年4月1日から適用
▶都道府県知事所轄学校法人の場合：平成28年4月1日から適用

注意　改正基準に伴って発出された通知や実務指針等の内容は、文部科学大臣所轄学校法人の適用時期である平成27年を前提としているため、知事所轄学校法人では、会計年度の読み替えが必要です。

> 参考URL
> 「学校法人会計基準の改正に関する説明会」が平成25年12月に開催され、その内容は以下のウェブサイトで公開されています。
> http://www.mext.go.jp/a_menu/koutou/shinkou/07021403/1342228.htm
> 　文部科学省、日本公認会計士協会、日本私立学校振興・共済事業団による説明と資料が載っています。

4. 改正のポイント

　新しい基準によって作成が求められる計算書類の体系と関連する改正のポイントの概要を説明します。

旧基準	新基準
第1号様式：資金収支計算書	第一号様式：資金収支計算書
第2号様式：資金収支内訳表	第二号様式：資金収支内訳表
第3号様式：人件費支出内訳表	第三号様式：人件費支出内訳表
（新設）	第四号様式：活動区分資金収支計算書
第4号様式：消費収支計算書	第五号様式：事業活動収支計算書
第5号様式：消費収支内訳表	第六号様式：事業活動収支内訳表
第6号様式：貸借対照表	第七号様式：貸借対照表
第7号様式：固定資産明細表	第八号様式：固定資産明細表
第8号様式：借入金明細表	第九号様式：借入金明細表
第9号様式：基本金明細表	第十号様式：基本金明細表
（新設）	様式第一の一： 第2号基本金の組入れに係る計画集計表
様式第1： 第2号基本金の組入れに係る計画表	様式第一の二： 第2号基本金の組入れに係る計画表
（新設）	様式第二の一： 第3号基本金の組入れに係る計画集計表
様式第2： 第3号基本金の組入れに係る計画表	様式第二の二： 第3号基本金の組入れに係る計画表
様式第3： 第3号基本金の組入れに係る計画表	様式第二の三： 第3号基本金の組入れに係る計画表

＜改正基準第37条＞

＊都道府県知事所轄の学校法人は、活動区分資金収支計算書を作成しないことができます。
＊高等学校を設置しない都道府県知事所轄の学校法人は、基本金明細表を作成しないことができます。

新しい計算書類の体系（イメージ図）

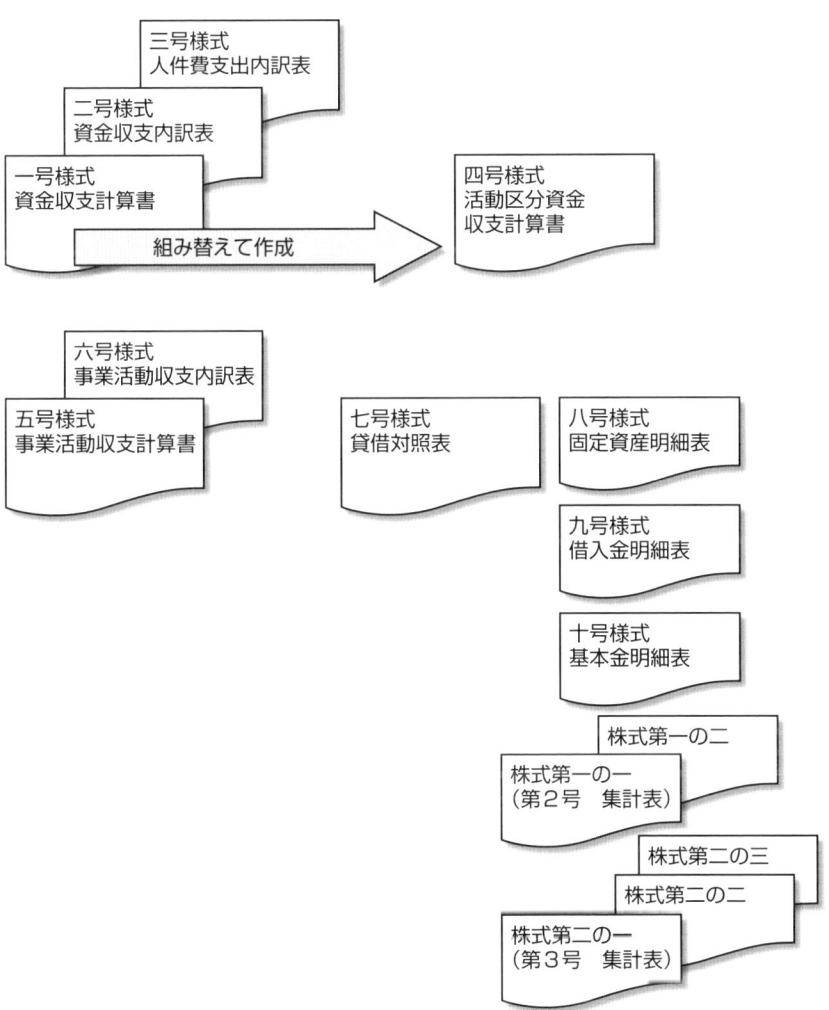

（1）資金収支計算書

　資金収支計算書は、学校法人のすべての収入と支出を一覧で見ることができ、補助金配分の基礎資料として、また学校法人の予算管理の面からも有用であることから維持する必要があるとされました。

　資金収支計算書に関しては他の計算書類の改正に伴って、一部記載科目の変更が行われ、また科目の修正によって今回の改正で新設された活動区分資金収支計算書に組み替えやすくなっています。

　注意　従来の「次年度繰越支払資金」は、「翌年度繰越支払資金」になっています。

▶【改正ポイント】　第3号基本金に対応する運用収入の明確化

　第3号基本金に含まれる基金とそれに対応する運用収入は、従来、奨学基金の運用収入は「資産運用収入－奨学基金運用収入」に、それ以外は「資産運用収入－受取利息・配当金収入」に分かれて計上されていました。

　しかし第3号基本金に対応する資産を運用した成果がいくらあるのかわからなかったため、第3号基本金全体での運用収入を容易に把握できるように、「受取利息・配当金収入－第3号基本金引当特定資産運用収入」という勘定科目が設けられました。

　注意　新基準の「受取利息・配当金収入」は、大科目です。

旧基準の【資/計】

```
資産運用収入
　奨学基金運用収入
　受取利息・配当金収入
```

新基準の【資/計】

```
受取利息・配当金収入
　第3号基本金引当特定資産運用収入
　その他の受取利息・配当金収入
```

（2）活動区分資金収支計算書

　資金収支計算書は従来通り維持することになったものの、学校法人においても施設設備の高度化や資金調達・資金運用の多様化など、本業の事業活動以外の活動が増加してきています。また学校法人の財政及び経営の状況に対する社会的な関心も高まってきている中、活動区分別に資金の流れを把握することが重要となってきました。

▶【改正ポイント】　活動区分資金収支計算書を新たに作成

　そこで、新たに資金収支計算書を組み替えた「活動区分資金収支計算書」を作成することにしました。
　イメージとしては、企業が作成する「キャッシュ・フロー計算書」に近く、活動別に資金の流れをわかりやすくしたものです。

資/計の目的　⇒当該会計年度の諸活動に対応するすべての収入及び支出の内容並びに当該年度における支払資金（現金預金）の収入及び支出のてん末を明らかにする

活/資の目的　⇒資/計の決算額を3つの活動ごとに分け、活動区分ごとの資金の流れを明らかにする

■ 活動区分資金収支計算書の３つの活動区分

【活/資】の区分	参事官通知（25高私参第8号）による定義
教育活動 による資金収支	資金収支計算書の資金収入及び資金支出のうち、以下の２つを除いたもの（教育には研究も含まれる）
施設整備等活動 による資金収支	施設設備の取得又は売却 資産額の増加を伴う施設設備の改修等（修繕費や除却に伴う経費は含まない） 施設設備の拡充等のための寄付金収入や補助金収入
その他の活動 による資金収支	財務活動（資金調達や資金運用） 収益事業に係る活動 預り金の受払い等の経過的な活動 過年度修正額

　活動区分資金収支計算書においても、３つの活動区分ごとに『調整勘定等』の欄を設け未収入金や未払金等の調整を行うことから「修正資金の計算書」となり、実際の資金の流れを表示する「キャッシュ・フロー計算書」とは資金の概念が異なります。

　注意　活動区分ごとの調整勘定等については、その加減の計算過程を活動区分資金収支計算書の末尾に注記することになります。

（３）事業活動収支計算書

　近年、教育研究事業以外の収支の増加や臨時的な収支の発生により学校法人の活動が複雑化している傾向があり、従来の消費収支計算書では全体の収支の把握には適していても、実際の学校法人の事業活動の状況を適切に把握できないとの指摘がありました。

```
資/計　⇒現金預金の流れを表している。
事/計　⇒「純資産の増減」という形で、学校法人の事業活動の成果を表している。
```

第1章 総論

▶【改正ポイント】 消費収支計算書からの名称変更と区分経理の導入

そこで今回の改正では、消費収支計算書を事業活動収支計算書と名称を変えて、活動区分資金収支計算書と同じように区分経理を導入しました。

企業会計における「損益計算書」に相当しますが、学校法人は営利ではなく収支均衡を目的としている点が大きな違いです。

■ 事業活動収支計算書の3つの活動区分

教育活動収支	経常的な収支
教育活動外収支	
特別収支	臨時的な収支

近年の臨時的な収支の増加を考慮して、経常的な収支と臨時的な収支で区分して、それぞれの収支バランスがわかるようになりました。また、経常的な収支の中でも教育事業以外の収支が増加していることを考慮して、経常的な収支は「教育活動収支」と「教育活動外収支」に分けられました。

【事/計】の区分	参事官通知(25高私参第8号)による定義
教育活動収支	経常的な事業活動収入及び事業活動支出のうち、以下の教育活動外収支に係るものを除いたもの
教育活動外収支	経常的な財務活動(資金調達や資金運用)及び収益事業に係る活動に係る事業活動収入及び事業活動支出
特別収支	特殊な要因によって一時的に発生した臨時的な事業活動収入及び事業活動支出

経常的な収支バランスが重要と考えられるので、教育活動収支で計算される「教育活動収支差額」と教育活動外収支で計算される「教育活動外収支差額」の合計が「経常収支差額」として表示されます。

▶【改正ポイント】 「基本金組入前当年度収支差額」の新設

従来、学校法人の財務分析において「帰属収支差額」という言葉で表されていたものが、「基本金組入前当年度収支差額」として新たに追加されました。

これは帰属収入から消費支出を差し引いたもので、基本金を組み入れる前段階でプラスなのかマイナスなのかを認識することで年度ごとの収支バランスがわかり、学校法人の経営の状況をより的確に把握できることになります。

注意　基本金組入額は、従来とは控除する場所と順番が変わっています。

```
旧基準の「帰属収入」　　　→　新基準の「事業活動収入」
旧基準の「消費支出」　　　→　新基準の「事業活動支出」
旧基準の「帰属収支差額」　→　新基準の「基本金組入前当年度収支差額」
```

▶【改正ポイント】　消費支出準備金の廃止

消費支出準備金の制度は、実務上ほとんど使用実績もなく、また事業活動収支計算書における区分経理の導入により経常的な収支と臨時的な収支がわかるようになったこともあり、制度が廃止されることになりました。

（4）貸借対照表（固/明、借/明、基/明、基/明の付表）

貸借対照表については、その基本構造は変わっていませんが、主に科目等の新設や廃止、表示の修正、注記の充実が図られています。

【科目等の新設や廃止、表示の修正】

▶【改正ポイント】　「純資産の部」の設定

従来の「基本金の部」と「消費収支差額の部」を合わせて新たに「純資産の部」が設定されました。

純資産の部は、大科目の「基本金」と「繰越収支差額」に分かれます。

▶【改正ポイント】　新たな中科目「特定資産」の新設

学校法人においては、使途が特定されている預金や有価証券等の金額が固定資産に占める割合が大きいため、「特定資産」という中科目が設けられました。

「特定資産」には第2号基本金引当特定資産や第3号基本金引当特定資産、その他の名称を付した特定資産が小科目として表示されます。

|注意| 固定資産明細表においても、科目名が追加・修正されます。

▶【改正ポイント】 第2号基本金に対応する運用資産の明確化

旧基準では、将来の第1号基本金対象資産の取得に充てるための金銭その他の資産に相当する金額を、理事会で固定資産の取得計画及び基本金の組み入れ計画を決議した上で組み入れるものを第2号基本金とし、それに対応する資産を「施設設備引当特定資産」等の名称で資産計上していました。

一方、第2号基本金としては組み入れないものの、将来の施設設備の取得のための準備資金であることを計算書類上で明確にするため、同じく「施設設備引当特定資産」として計上している学校法人も存在していました。

どちらも将来の施設設備の取得のためという目的は同じですが、具体的な計画があり理事会で決議した特定資産と、そこまでの具体性を持たない特定資産ではその性質が異なるので、「第2号基本金引当特定資産」と「施設設備引当特定資産」に分け、それぞれの資産規模が明らかになるようにしました。

従来、第2号基本金に対応する資産は、「固定資産（大科目）」の中の「その他の固定資産（中科目）」に「施設設備引当特定資産（小科目）」などの科目名で表示されていましたが、改正後は「特定資産（中科目）」に「第2号基本金引当特定資産（小科目）」の科目で統一して表示することになります。

▶【改正ポイント】 第2号基本金及び第3号基本金の計画集計表

第2号基本金に対応する資産はすべて「第2号基本金引当特定資産」の科目で統一して表示されることになりましたが、複数の計画がある場合にはその内容がわからなくなってしまうため、「第2号基本金の組入れに係る計画集計表」を作成することになります。

第3号基本金についても、計画が複数ある場合には「第3号基本金の組入れに係る計画集計表」を作成し、基金の種類ごとの運用収入と残高を明確に

することになります。

【注記の充実】
▶【改正ポイント】　第4号基本金に相当する資金を有していない場合の注記

　第4号基本金は、具体的な資産ではなく一定の資金計算額を対象としていることから、従来から廃止の可能性が問われてきましたが、近年の私立学校が置かれている厳しい経営環境下では、学校法人が一定の資金を保有しておくべきとした考え方と、それに対応する第4号基本金の維持は必要であるという結論が、今回の改正において確認されました。

　第4号基本金は、第2号基本金や第3号基本金のように対応する資産を引当特定資産として計上することは求められていませんが、年度末時点で第4号基本金に対応する資金を保有していない場合には、法人の継続性に関する重要な情報としてその旨と対応策を、計算書類の注記事項として記載することが義務付けられました。

　なお、第4号基本金に対応する資金は、借入れた資金でもよいと考えられます。

> |注意|　第4号基本金に相当する資金を有している場合は、「第4号基本金に相当する資金を有していない場合」に該当しない旨の注記が必要となります。

▶【改正ポイント】
「その他財政及び経営の状況を正確に判断するために必要な事項」の追加

■ 有価証券の時価情報に係る注記の充実

　現行の時価情報に加え、有価証券の種類（債券、株式、投資信託、貸付信託、その他）ごとの時価情報も表示することになりました。

■ 学校法人間取引についての注記

　学校法人の経営状況や財政状態についてより透明性を高める観点から、関

連当事者の注記に該当しない場合においても、広く貸付金・債務保証等の学校法人間取引について注記することになりました。

▶その他の【改正ポイント】

「固定資産の評価等の会計処理の取扱い」→第4章へ

「有価証券の評価換え」→第5章へ

▶貸借対照表における経過措置

貸借対照表の様式は他の計算書類と異なり、前年度末の金額と比較して表示する様式となっています。

今回の改正によって科目の新設や廃止、修正等がありましたので、改正前と改正後の決算で表示が変わることになりました。そのため、経過措置として、平成26年度の決算の数値は、平成27年度の決算書において改正後の様式に基づき、区分及び科目を組み替えて表示することとされています。

旧基準の【B/S】	新基準の【B/S】	
資産の部	資産の部	
固定資産	固定資産	
有形固定資産	有形固定資産	
土　地	土　地	
建　物	建　物	
構築物	構築物	
教育研究用機器備品	教育研究用機器備品	
その他の機器備品	管理用機器備品	名称変更
図　書	図　書	
車　両	車　両	
建設仮勘定	建設仮勘定	
	特定資産	新規科目
	第2号基本金引当特定資産	名称統一

	第3号基本金引当特定資産	名称変更
	○○引当特定資産	名称変更
その他の固定資産	その他の固定資産	
借地権	借地権	
電話加入権	電話加入権	
施設利用権	施設利用権	
	ソフトウエア	新規科目
有価証券	有価証券	
収益事業元入金	収益事業元入金	
長期貸付金	長期貸付金	
○○引当特定預金		
第3号基本金引当資産		
流動資産	**流動資産**	
現金預金	現金預金	
未収入金	未収入金	
貯蔵品	貯蔵品	
短期貸付金	短期貸付金	
有価証券	有価証券	
負債の部	負債の部	
固定負債	**固定負債**	
長期借入金	長期借入金	
学校債	学校債	
	長期未払金	新規科目
退職給与引当金	退職給与引当金	
流動負債	**流動負債**	
短期借入金	短期借入金	
学校債	1年以内償還予定学校債	科目変更
手形債務	手形債務	
未払金	未払金	
前受金	前受金	
預り金	預り金	

| 基本金の部 | 純資産の部 | 部の統合 |

基本金の部
- 第1号基本金
- 第2号基本金
- 第3号基本金
- 第4号基本金

消費収支差額の部
- ○○年度消費支出準備金
- 翌年度繰越消費収入超過額（又は翌年度繰越消費支出超過額）

純資産の部
- 基本金
  - 第1号基本金
  - 第2号基本金
  - 第3号基本金
  - 第4号基本金
- 繰越収支差額
  - 翌年度繰越収支差額

5. 3つの収支計算書

　改正基準によって各計算書類の科目等がどうなったのか、ここでは密接な関係のある3つの収支計算書（資金収支計算書、活動区分資金収支計算書、事業活動収支計算書）の相互関係を説明します。
　区分経理が導入されたことにより、すべての収入や支出について、「どういった活動により発生しているのか」という点が重要となります。
　以下では、資金収支計算書を軸にして、その他の収支計算書の区分とどうつながるのかを説明します。

（1）資金収支計算書と活動区分資金収支計算書

　まずは「施設整備等活動による資金収支」と「その他の活動による資金収支」に属する収支が何かを把握し、残りが「教育活動による資金収支」と考えます。

区　分	分　類
教育活動 による資金収支	下記以外の収入と支出
施設整備等活動 による資金収支	特別寄付金収入（施設設備の取得等を目的とするもの） 補助金収入（施設設備の取得等を目的とするもの） 施設設備の購入支出や売却収入 引当特定資産の取崩収入や繰入支出（例：第2号基本金引当特定資産、減価償却引当特定資産）
その他の活動 による資金収支	【財務活動】 借入金収入や返済支出、貸付金支出や回収収入 有価証券の購入支出や売却収入 施設整備等活動に含まれるもの以外の引当特定資産の取崩収入や繰入支出（例：第3号基本金引当特定資産、退職給与引当特定資産） 受取利息・配当金収入や借入金等利息支出 デリバティブ解約損支出
	【収益事業活動（寄附行為記載のもの）】 収益事業収入や収益事業元入金支出
	【経過的な活動】 預り金受入収入や支払支出
	【過年度の活動】 過年度修正収入や過年度修正支出

＜分類と順序＞

ステップ①　施設整備等活動に属する資金収支のピックアップ

　特別寄付金や補助金の中に施設設備に関して受領したものがある場合は、この区分に計上します。

　収入科目例：

　　施設設備寄付金収入

　　施設設備補助金収入

　　施設設備売却収入

　　第2号基本金引当特定資産取崩収入

　　○○引当特定資産取崩収入（例えば、減価償却引当特定資産）

支出科目例：
　施設関係支出
　設備関係支出
　第2号基本金引当特定資産繰入支出
　○○引当特定資産繰入支出（例えば、減価償却引当特定資産）
　注意　学生生徒等納付金収入に関しては、たとえ納付金の内訳名目が施設整備等であっても、すべて『教育活動による資金収支』に区分されます。

ステップ②　その他の活動に属する資金収支のピックアップ

　その他の活動は大きく【財務活動】【収益事業活動】【経過的な活動】【過年度の活動】の4つに分けられるので、それぞれに関連する資金収支を計上します。

【財務活動】の収入科目例：
　借入金等収入
　有価証券売却収入
　第3号基本金引当特定資産取崩収入
　○○引当特定資産取崩収入（例えば、退職給与引当特定資産）
　貸付金回収収入
　受取利息・配当金収入

【財務活動】の支出科目例：
　借入金等返済支出
　有価証券購入支出
　第3号基本金引当特定資産繰入支出
　○○引当特定資産繰入支出（例えば、退職給与引当特定資産）
　貸付金支払支出
　借入金等利息支出
　デリバティブ解約損支出

【収益事業活動】の収入科目例：
　　収益事業収入
【収益事業活動】の支出科目例：
　　収益事業元入金支出

【経過的な活動】の収入科目例：
　　預り金受入収入
【経過的な活動】の支出科目例：
　　預り金支払支出

【過年度の活動】の収入科目例：
　　過年度修正収入
【過年度の活動】の支出科目例：
　　過年度修正支出

ステップ③　教育活動に属する資金収支を集計

　ステップ①と②に含まれなかった収支の残りを、教育活動による資金収支に計上します。

> 活動区分資金収支計算書に科目の大小はありません。
> 資金収支計算書の科目が分離もしくは統合する形で、活動区分資金収支計算書の科目が構成されています。

▶経過勘定について

　資金収支計算書の調整勘定となっている「未収入金」「前受金」「未払金」「前払金」は、それぞれの相手勘定がどの活動に該当するかで3つの活動区分に分ける必要があります。

　調整勘定については、「活動区分ごとの調整勘定等の計算過程」を注記することになっていますので、注記する集計表を先に（もしくは同時に）作成

して、活動区分ごとの金額を算出するのが効率的であると思われます。

　注意　この注記は、該当する項目に金額がなくても省略できません。

（2）資金収支計算書と事業活動収支計算書

　まずは「教育活動外収支」と「特別収支」に属する収支が何かを先に把握し、残りを「教育活動収支」と考えます。

区　分	分　類　　太字は大科目（大科目の省略は不可）
教育活動収支	**学生生徒等納付金** **手数料** **寄付金**（特別寄付金と現物寄付に注意） **経常費等補助金**（名称に注意） **付随事業収入**（寄附行為記載の収益事業収入を除く） **雑収入**（過年度修正額を除く） **人件費** **教育研究経費** **管理経費** **徴収不能額等**（貸付金等に対するものも含む）
教育活動外収支	**受取利息・配当金**　　＝【経常的な財務活動】 **その他の教育活動外収入**　＝【収益事業活動】 　（寄附行為記載の）収益事業収入 **借入金等利息**　　＝【経常的な財務活動】 **その他の教育活動外支出**　＝【収益事業活動】
特別収支	**資産売却差額** **その他の特別収入** 　施設設備寄付金 　現物寄付（施設設備の受入れの場合） 　施設設備補助金 　過年度修正額 **資産処分差額** 　有価証券評価差額 　有姿除却等損失 **その他の特別支出** 　災害損失 　過年度修正額 　退職給与引当金特別繰入額 　デリバティブ解約損

<分類と順序>

《ステップ①　教育活動外収支をピックアップ》

教育活動外収支は、【経常的な財務活動】と【収益事業活動】に分けられますので、それぞれに関連する収支を計上します。

> 注意　外国通貨及び外貨預金の本邦通貨への交換や外貨建債権債務の決済の際に生ずる為替換算差額、外貨建債権債務等について期末日の為替相場に換算する場合に生ずる為替換算差額等は、経常的な財務活動として『教育活動外収支』に計上します。

《ステップ②　特別収支のピックアップ》

特別収支には、臨時的な収支が計上されます。

具体的には資産の売却や処分に関するもの、それ以外は施設設備の取得を目的とした特別寄付金や補助金、施設設備の受入れとなる現物寄付、過年度修正額などです。

有価証券の時価の著しい下落による損失（有価証券評価差額）は、「資産処分差額」に含まれるので『特別収支』に該当します。

「過年度修正額」には、資金収支を伴うもの以外に、資金収支を伴わないものが含まれるので注意が必要です（単純に資金収支計算書の過年度修正収入や支出と一致するわけではありません）。

「災害損失」の災害とは一般的に、暴風・洪水・高潮・地震・大火その他の異常な現象により生ずる災害とされ、盗難・事故・通常の火災などを含みません。また災害に対する復旧や原状回復のための支出は『教育活動収支』に計上します。

> 注意　『特別収支』に関しては、金額の多寡を問わず、該当する場合には必ず『特別収支』に計上しなければなりません。

《ステップ③　教育活動収支を集計》

ステップ①と②に含まれなかった収支の残りを教育活動収支に計上します。

（3）活動区分資金収支計算書と事業活動収支計算書

　活動区分資金収支計算書では、資産の購入や売却に関する資金収支は2つめの区分「施設整備等活動」となりますが、事業活動収支計算書では、資産の売却や処分に関する収支は3つめの区分「特別収支」に含まれます。

　資金収支計算書では、学校法人の本業である教育活動に係る資金収支と設備投資などの施設整備活動に係る資金収支の規模がわかりにくいため、活動区分資金収支計算書でそれらを区分し、活動別の資金収支規模を把握できるようにしました。これに対して事業活動収支計算書では、学校法人の本業である教育活動と、それ以外を経常的か臨時的かに区分して表示することを目的としているため、資産の売却や処分に関する収支は臨時的なものとして「特別収支」に分類しています。なお、固定資産に関する修繕費や減価償却額は経常的に発生し、財務活動や収益事業に係るものではないことから「教育活動収支」に分類されます。

　反対に、活動区分資金収支計算書では財務活動関係の収支は3つめの区分「その他の活動による資金収支」に含まれますが、事業活動収支計算書ではそれらが経常的なものであれば2つめの区分「教育活動外収支」に含まれ、学校法人の継続的な収支として認識されます。

第2章

収入に関連する活動

　この章では、学生生徒等納付金や寄付金等の学校法人における収入について、その活動の流れと管理体制についてご説明します。

1. 学生生徒等納付金・手数料

（1）活動の流れと管理体制

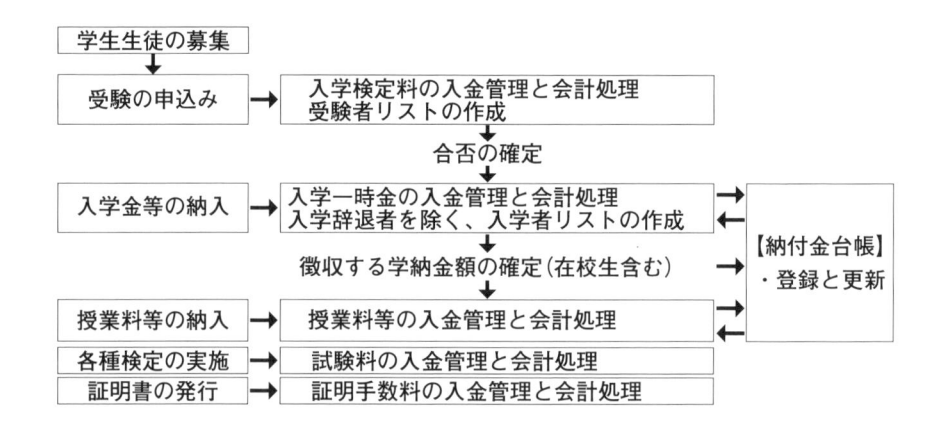

```
学生生徒の募集
    ↓
受験の申込み    →   入学検定料の入金管理と会計処理
                    受験者リストの作成
                          ↓
                       合否の確定
入学金等の納入  →   入学一時金の入金管理と会計処理      →   【納付金台帳】
                    入学辞退者を除く、入学者リストの作成  ←   ・登録と更新
                          ↓
                    徴収する学納金額の確定（在校生含む）
授業料等の納入  →   授業料等の入金管理と会計処理        →
                                                        ←
各種検定の実施  →   試験料の入金管理と会計処理
証明書の発行    →   証明手数料の入金管理と会計処理
```

学生生徒等納付金の管理においては、
「免除や給付の対象者がいる（教職員子女減免を含む）」、「未納者がいる」、「授業料等に充当するための補助金対象者がいる」
などの場合には、特に注意が必要です。

　未納については長期化すると徴収できない場合もあり、未納管理は非常に重要です。また徴収不能引当金の検討や徴収不能処理の決定については、しかるべき責任者による判断が必要です。

　授業料等の納付金と一緒に、補助活動事業に関する収入（例：スクールバス代、寮費）や、預り金（例：教材費や修学旅行積立金）、学校外会計の収入（例：同窓会費や後援会費）も徴収している場合には、それらの入金管理と会計処理も同時に行い、徴収不足などが起こらないようにすることが必要です。

　なお、学生生徒に関する情報の一元管理と活用によって、関係部署間（学

生課と庶務・会計課など）で相互に緊密な連絡が取れる体制の構築が望まれます。

（2）納付金・手数料の種類

大科目	小科目（例）	備　考
学生生徒等納付金	授業料	聴講料、補講料等を含む
	入学金	
	実験実習料	教員資格その他の資格を取得するための実習料を含む
	施設設備資金	施設拡充費その他施設設備の拡充等のための資金として徴収するもの
手数料	入学検定料	当年度に実施する入学試験のために徴収するもの
	試験料	編入学、追試験等のために徴収するもの
	証明手数料	在学証明、成績証明等のために徴収するもの

（3）計算書類への計上（表示）

納付金・手数料に関連する項目	【活/資】・【事/計】での区分
授業料や手数料 学費負担軽減補助金	【活/資】 教育活動による資金収支
免除や給付による奨学費及び人件費 徴収不能引当金繰入額や徴収不能額 前受金、未収入金*	【事/計】 教育活動収支

＊調整勘定である前受金や未収入金は、活動区分ごとに計算過程を集計して活動区分資金収支計算書の末尾に注記が必要となります。

（4）会計処理の判断ポイント

「学生生徒等納付金」に計上できるのは、学生生徒の在学又は入学を条件として、所定の額を義務的かつ一律に納付するものに限られます。

基本的には学則に記載されたものが納付金に計上されますが、募集要項等で金額や納付が一律であることなどが明記されていれば、納付金に計上することも可能です。

> 注意　寮費や給食代は、それがその学校法人の教育の一環としてのものであれば（例：全寮制における寮費）、納付金に計上されることもあります。

原則として総額で表示
- 教育サービスの提供がある→総額表示（奨学費等との両建計上）
- 教育サービスの提供をしていない（休学者等）→純額表示

- 中途退学者への返金は、授業料等から減額します。
- 休学者から授業料等の一部を徴収した場合は、その分のみを計上します。
- 入学金の減免・減額も総額表示の対象となりますが、同一学校法人内での転編入学に際しては改めて入学金を徴収しない場合があります。この場合は入学金額の違いにより差額を徴収した場合はその分のみを入学金に計上し、徴収しなかった分について総額表示する必要はありません。

減免・給付の内容によって相手勘定が決まる
- 成績優秀や経済的困窮を理由とした減免・給付→奨学費（教育研究経費）
- 教職員子女であることを理由とした減免・給付→人件費 − その他の手当
- 役員子女であることを理由とした減免・給付→人件費 − 役員報酬

- 兄弟姉妹の同時通学に対する減免は、経済的負担の軽減を目的とするため奨学費
- 海外提携校から留学生を受け入れ、その授業料を免除している場合は相互の教育文化の向上を目的としたものなので奨学費

学費負担軽減補助金については、交付者からの指示に従う

　地方公共団体の実施している父兄の学費負担軽減目的による補助金（助成金）は、制度的・事務的に各家庭への直接助成が困難な場合、学校法人に直接入金されることがあります。

　この場合、当該助成金の会計処理は「補助金（収入）」となり、「授業料（収入）」から減額します。

　「授業料（収入）」の表示方法については、直接減額して表示するか間接減額して表示するかは、いずれの方法でも良いとされています。

　「補助金（収入）」の表示方法については、内訳科目について各都道府県が特に指示している場合にはそれに従います。

（5）計上額を検証する際の留意点

　年度末はもちろん、会計年度の途中でも適時な会計計上額の検証は必要です。「あるべき納付金等の計上額」がいくらなのかは、必要な情報（在籍者数、中途入退学・休学・留学者数、減免金額とその理由など）が集まっていなければわかりません。

　収入科目である納付金を主として検証する時、実際の入金に基づいて会計計上されるものについては比較的検証も容易ですが、資金の動きを伴わないものがある場合には、会計処理をいつ行うのかによって検証担当者の考慮事項も変わります。

　奨学費でも、それが実際に現金を給付する方法であれば仕訳は「奨学費（支

出）／現金預金」となるため、授業料等の収入科目には影響しません。

　また、減免の方法として一旦授業料等を全額徴収してから返金するケースでは、実際の資金の動きに併せ「現金預金／納付金（収入）」としてから「奨学費（支出）／現金預金」の仕訳が入るので、同じく収入科目には影響しません。

　一方、減免の方法として授業料等の金額からその分を差し引いて徴収するケースでは、実際の入金と同時に「奨学費（支出）／納付金（収入）」の仕訳を入れないと、対応する収入科目に影響します。

　子女減免なども実際に資金を介すかどうかで若干の違いはありますが、基本的には月次の給与支払いに伴って処理されると思われますので、月末時点での収入科目の計上額には大きな影響はないと思われます。

　また、期中の納付期日に未納者がいる場合には、「期末未収入金／納付金（収入）」の仕訳を入れ、納付金の計上額をあるべき金額としておき、後は遅れて納入された分を期末未収入金から減額していく、という方法が考えられます。

（6）納付金と一緒に徴収する「預り金」

　修学（研修）旅行等の積立金を学校法人が徴収する場合は、「預り金」又は「修学旅行費預り金」で処理します。

　「修学旅行費預り金」とする場合は、通常の支払資金とは区別した流動資産科目（例：修学旅行費預り資産）で表示することが適当です。

　修学旅行費預り金に関しては、「修学旅行費取扱規程」等を定め、必要な事項を定めておきます。積立金の専用口座から生ずる利息などの帰属をどこにするのか（積立金に含めるのか、本会計の利息とするか）等も、規程に定めておく必要があります。

授業料等に関連する主な参考資料

通知等

私立大学の入学手続時における学生納付金の取扱いについて（通知）（昭50.9.1　文管振第251号）

大学、短期大学、高等専門学校、専修学校及び各種学校の入学辞退者に対する授業料等の取扱いについて（通知）（平18.12.28　18文科高第536号）

学校法人における消費税法の一部改正に伴う入学金、施設設備費等の取扱いについて（通知）（平3.6.6　文高行第195号）

日本公認会計士協会の公表物

学校法人委員会報告第30号「授業料等の減免に関する会計処理及び監査上の取扱いについて」（昭58.3.28）

学校法人会計問答集（Q&A）第1号「授業料等の減免に関する会計処理及び監査上の取扱いについて」（平9.3.24改正）

学校会計委員会報告第24号「修学（研修）旅行費預り金の会計処理及び監査上の取扱いについて」（昭53.7.10）

学校法人委員会実務指針第45号「『学校法人会計基準の一部改正に伴う計算書類の作成について（通知）』に関する実務指針」（平26.1.14）

2. 寄付金

（1）活動の流れと管理体制

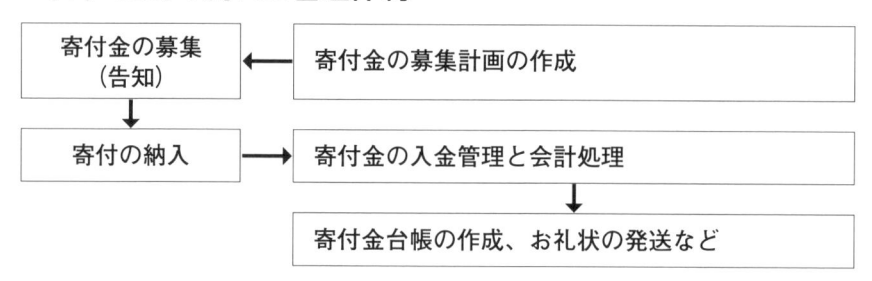

```
┌─────────────┐     ┌──────────────────────┐
│ 寄付金の募集 │ ←── │ 寄付金の募集計画の作成 │
│   （告知）   │     └──────────────────────┘
└─────────────┘
┌─────────────┐     ┌──────────────────────┐
│  寄付の納入  │ ──→ │ 寄付金の入金管理と会計処理 │
└─────────────┘     └──────────────────────┘
                    ┌──────────────────────────┐
                    │ 寄付金台帳の作成、お礼状の発送など │
                    └──────────────────────────┘
```

　寄付金は、金額や時期が一定でなく、その管理方法が難しいとされています。学校法人内で寄付金に関するルールを明確にしておくことが重要です。

▶寄付金や現物寄付の管理方法

　寄付金募集については、理事会などの機関で承認を要する事項とし、基本的なルールを定めます（募集期間・一口の金額・納入方法・管理責任者など）。
　次に、寄付金の募集要項や趣意書などを作成し、寄付金の使途・募集目的・募集期間・目標額・寄付金専用の納入口座や管理方法等を学校の内外に明示します。その際、寄付金申込書は所定の様式としておくことで、必要事項の把握に役立ちます。
　寄付金の受付は極力現金納入は避け、預金口座への入金で取り扱うことが望まれます。預金口座への入金履歴が寄付実績となり、管理が容易になります。また、専用の振込用紙を用意すると証拠として残ります。
　寄付金に関しては必ず複数人で業務を担当し、相互にチェックできる体制にしておくことが重要です。

▶留意点(改正基準に関係)

寄付者の意思が、活動区分資金収支計算書と事業活動収支計算書の区分の判断にとって重要となるため、あらかじめ寄付趣意書や寄付金募集要項等で明示しておきましょう。

例えば新校舎の建設資金を目的とした寄付と、奨学基金の拡充を目的とした寄付を同じ寄付趣意書に記載する場合には、どちらのために寄付したいのか寄付者の意思がわかるような寄付金申込書を用意するなど対策が必要です。

注意　寄付者の意思が明確でない場合は、一般寄付金に計上します。

(2) 寄付金の種類

```
寄付金 ┬→ 用途指定あり  → 特別寄付金
       └→ 用途指定なし  → 一般寄付金
資金を介さない寄付 → 現物寄付＊
```

＊改正により、「金」がとれました。

(3) 計算書類への計上（表示）

寄付金のうち特別寄付金と現物寄付はその内容によって、活動区分資金収支計算書と事業活動収支計算書でそれぞれ区分されます。

<特別寄付金>

特別寄付金の目的	【活/資】・【事/計】での区分と科目
施設設備拡充目的	【活/資】 施設整備等活動による資金収支 科目…施設設備寄付金収入
	【事/計】 特別収支 大科目…その他の特別収入－施設設備寄付金
上記以外の使途特定	【活/資】 教育活動による資金収支 科目…特別寄付金収入
	【事/計】 教育活動収支 大科目…寄付金－特別寄付金

注意　施設設備目的で収受した寄付金で購入した施設設備が、経理規程に定められた固定資産計上基準額未満であることからそれを経費処理した場合でも、収入に関しては寄付者の意思に基づいて判断することになるため、活動区分資金収支計算書においては「施設整備等活動による資金収支」、事業活動収支計算書においては「特別収支」に計上します。

<現物寄付>

現物寄付の内容	【事/計】での区分と科目
施設設備の受入れ	【事/計】 特別収支 大科目…その他の特別収入－現物寄付
上記以外の 現物資産の受入れ	【事/計】 教育活動収支 大科目…寄付金－現物寄付

寄付金に関連する主な参考資料

|通知等|
新入生またはその保護者が学校法人に対して任意に支出する寄附金について（通知）（平10.4.16　文高行第367号）
「新入生またはその保護者が学校法人に対して任意に支出する寄附金について（通知）」に関するQ&A（平10.5.27　日本私立大学協会「教育学術新聞」第1892号）
私立大学における入学者選抜の公正確保等について（通知）（平14.10.1　14文科高第454号）
私立大学医・歯学部における入学に関する寄附金の収受等の禁止及び入学者選抜の公正確保等について（通知）（昭52.9.7　文管企第230号）
日本私立学校振興・共済事業団を通じた受配者指定寄附金制度の拡充について（通知）（平10.3.23　文高行第360号）
日本私立学校振興・共済事業団を通じた受配者指定寄附金制度の拡充について（通知）（平11.5.24　文高行第58号）
日本私立学校振興・共済事業団を通じた受配者指定寄付金制度の改善について（通知）（平16.3.29　15文科高第912号）

|日本公認会計士協会の公表物|
学校法人委員会報告第39号「寄付金収入に関する会計処理及び監査上の取扱い」（平15.2.18）
学校法人委員会研究報告第9号「寄付金収入等の監査手続」（平18.3.31）
学校法人委員会実務指針第45号「『学校法人会計基準の一部改正に伴う計算書類の作成について（通知）』に関する実務指針」（平26.1.14）

3. 補助金

（1）活動の流れと管理体制

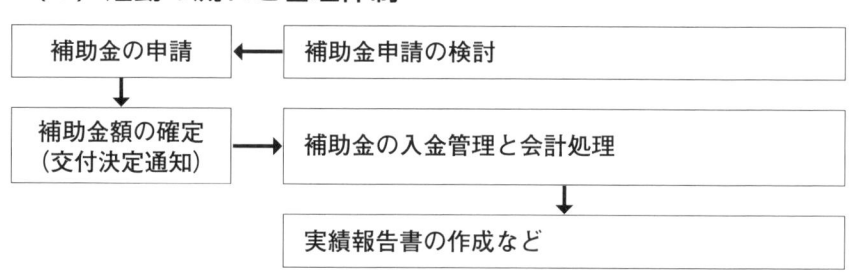

```
補助金の申請  ←  補助金申請の検討

補助金額の確定
（交付決定通知） →  補助金の入金管理と会計処理

              実績報告書の作成など
```

　近年、補助金は経常費補助金だけでなく、特定の目的をもって交付される補助金（特別補助金）が増えてきています。

　特別補助金の対象に含まれる事業を予定しているかどうか、学校法人内で情報を共有する体制を構築する必要があります。基本的に、補助金には申請と報告が必要となりますので、そのためにも関係部署間での連携が必要です。

　また補助金の対象となる支払額などを常に把握できるよう、会計処理上でも工夫して業務の効率化を図ることが望まれます。

▶ 留意点(改正基準に関係)

　補助金の交付目的が、活動区分資金収支計算書と事業活動収支計算書の区分の判断にとって重要となるため、交付要綱等の趣旨を十分理解する必要があります。

（2）補助金の種類

国庫補助金	←国からの助成金（資金の源泉が国である日本私立学校振興・共済事業団等からの補助金を含む。）
地方公共団体補助金	←地方公共団体、都道府県私学振興会等からの助成金

（3）計算書類への計上（表示）

補助金はその内容によって、活動区分資金収支計算書と事業活動収支計算書でそれぞれ区分されます。

補助金の目的	【活/資】・【事/計】での区分と科目
施設設備拡充目的	【活/資】交付者を問わずにまとめて計上 施設整備等活動による資金収支 科目…施設設備補助金収入
	【事/計】交付者を問わずにまとめて計上 特別収支 大科目…その他の特別収入－施設設備補助金
上記以外	【活/資】交付者を問わずにまとめて計上 教育活動による資金収支 科目…経常費等補助金収入
	【事/計】交付者別に計上 教育活動収支 大科目…経常費等補助金 　　　－国庫補助金 　　　－地方公共団体補助金 　　　－○○補助金

> 注意　施設設備目的で収受した補助金で購入した施設設備が、経理規程に定められた固定資産計上基準額未満であることからそれを経費処理した場合でも、収入に関しては補助金交付者の交付目的に基づいて判断することになるため、活動区分資金収支計算書においては「施設整備等活動による資金収支」、事業活動収支計算書においては「特別収支」に計上します。

▶ 補助金返還額

補助金の返還が行われた場合は、以下のように処理します。
【活/資】―教育活動による資金収支の「管理経費支出」の小科目
【事/計】―教育活動収支の「管理経費」の小科目

　補助金は過年度において一旦確定し収受しており、その一部を返還することになったとしてもそれは返還命令決定通知に従ったものであり、「過年度修正」には該当しないと考え、教育活動に含めます。

補助金に関連する主な参考資料

| 日本公認会計士協会の公表物 |

学校会計委員会報告第16号「補助金収入に関する会計処理及び監査上の取扱いについて」（昭49.10.23）
学校法人委員会実務指針第45号「『学校法人会計基準の一部改正に伴う計算書類の作成について（通知)』に関する実務指針」（平26.1.14）

---

4. 付随事業・収益事業収入

　従来、「事業収入」とされていた大科目は、「付随事業・収益事業収入」に名称が変更となりました。ただし名称が変更されたのみで、基本的な内容の変更はありません。

(1) 事業の分類

事業の分類		具体例
付随事業	補助活動	食堂、売店、寄宿舎等「教育活動の補助的活動」に係る事業収入
	附属事業	附属機関（病院、農場、研究所等）の事業収入
	受託事業	外部から委託を受けた試験、研究等による収入
収益事業		収益事業会計からの繰入収入

学校法人の本来の目的である教育研究事業に付随して行う事業→「付随事業」
学校法人の本来の目的ではない営利事業→「収益事業」

▶収益事業とは

　私学法第26条では、「学校法人は、その設置する私立学校の教育に支障のない限り、その収益を私立学校の経営に充てるため、収益を目的とする事業を行うことができる。」とされ、学校法人も収益事業を行うことができます。ただし、この場合には、その収益事業の種類を寄附行為に明記する必要があります。

　文部科学大臣所轄学校法人が行うことができる収益事業は、「文部科学大臣の所轄に属する学校法人の行うことのできる収益事業の種類を定める件（平20.8.20　文科省告示第141号）」で明らかにされています。

　各都道府県知事所轄学校法人においては所轄庁が定めることとされていますが、事実上、文科省告示第141号に沿っていると思われます。

> 参考　東京都知事所轄学校法人の収益事業は「私立学校法第26条による学校法人の行うことのできる収益事業の種類（平21.4.1　告示第511号）」で定められています。

（2）活動の流れと管理体制

　付随事業と収益事業は、それぞれの活動の実態に即した業務の流れを明確にし、収入と支出を管理する必要があります。

　付随事業は学校法人会計基準の枠内で、収益事業は企業会計の基準に従って処理することになります。

（3）計算書類への計上（表示）

【資/計】の科目	【活/資】・【事/計】での区分と科目
補助活動収入 附属事業収入 受託事業収入	【活/資】集約して記載 教育活動による資金収支 　科目…付随事業収入
	【事/計】 教育活動収支 　大科目…**付随事業収入** 　　－補助活動収入 　　－附属事業収入 　　－受託事業収入
収益事業収入	【活/資】 その他の活動による資金収支 　科目…収益事業収入
	【事/計】 教育活動外収支 　大科目…**その他の教育活動外収入** 　　－収益事業収入

▶ 特殊な付随事業

　付随事業として位置づけられているものの、活動内容によっては寄附行為への記載を要し、会計上の表示方法が特殊なものがあります。

例えば、学校法人が行う保育事業（認可保育所）は、資金収支内訳表と事業活動収支内訳表に部門を設けて表示することとされています。

〈参照〉私学部長通知「文部科学大臣所轄学校法人が行う付随事業と収益事業の扱いについて（通知）（平21.2.26　20文科高第855号）」

▶ 補助活動の会計処理

学校法人会計は総額表示が原則ですが、補助活動の収支に関しては会計基準第5条で「食堂その他教育活動に付随する活動に係る収入と支出については、純額をもって表示することができる」とされています。

> 注意　第5条の「教育活動に付随する活動」は、付随事業のうちの「補助活動」を意味します。補助活動の収支を純額で表示した場合には、貸借対照表の注記対象となります。

> 注意　重要性の判断によって注記しないケースもあります。

しかし補助活動においても、収支を総額で把握することで、予算管理や決算の予測がしやすくなることから、総額法の採用が望ましいと考えられます。

■ 補助活動収支を純額表示した場合の貸借対照表の注記

「1．重要な会計方針－その他の重要な会計方針（食堂その他教育活動に付随する活動に係る収支の表示方法）」に、「補助活動に係る収支は純額で表示している。」と記載し、「8．その他財政及び経営の状況を正確に判断するために必要な事項」に、「純額で表示した補助活動に係る収支」の内容を明記する必要があります。

付随事業と収益事業に関連する主な参考資料
通知等
文部科学大臣の所轄に属する学校法人の行うことのできる収益事業の種類

を定める件（昭25.11.8　文部省告示第68号→平20.8.20改正　文部科学省告示第141号）
文部科学大臣所轄学校法人が行う付随事業と収益事業の扱いについて（通知）（平21.2.26　20文科高第855号）
学校法人による保育所の設置について（平12.12.28　12高行第6号）
学校法人の設置する認可保育所の取扱いについて（通知）（平14.7.29　14文科高第330号）

日本公認会計士協会の公表物
学校会計委員会実務指針第22号「補助活動事業に関する会計処理及び表示並びに監査上の取扱いについて」（平26.9.30改正）
学校法人委員会研究報告第5号「受託事業等の会計処理に関するQ&A」（平26.9.3改正）
学校法人委員会研究報告第21号「学校法人の設置する認可保育所に係る会計処理に関するQ&A」（平24.1.12改正）
学校法人委員会研究報告第28号「学校法人における土地信託の会計処理に関するQ&A」（平26.7.29改正）

5. その他の収入

　資金収支計算書の収入の大科目で先述したもの以外としては、「資産売却収入」「受取利息・配当金収入」「雑収入」があります。
　基本的にこれらの科目については、何らかの収支活動の結果に派生的に出現する性質のものが多いため、ここでは活動の流れには触れません。
　ただし、改正基準ではこれらの名称が見直され、一部の小科目についてはそれが集約される大科目が変更となっていますので、以下では3つの収支計算書における表示についてその対応関係がどうなっているかを明らかにします。

（1）資産売却収入

〈表示の対応関係〉（太字は大科目、網掛け部分は活動区分）

【活/資】	【資/計】	【事/計】
		特別収支
	資産売却収入	**資産売却差額**
施設整備等活動による資金収支 施設設備売却収入	施設売却収入	施設売却差額
	設備売却収入	設備売却差額
その他の活動による資金収支 有価証券売却収入	有価証券売却収入	有価証券売却差額

　資金収支計算書の「施設売却収入」と「設備売却収入」を集約して、活動区分資金収支計算書の「施設設備売却収入」となります。

（2）受取利息・配当金収入

〈表示の対応関係〉（太字は大科目、網掛け部分は活動区分）

【活/資】	【資/計】	【事/計】
		教育活動外収支
	受取利息・配当金収入	**受取利息・配当金**
その他の活動による資金収支 受取利息・配当金収入	第3号基本金引当特定資産運用収入	第3号基本金引当特定資産運用収入
	その他の受取利息・配当金収入	その他の受取利息・配当金

資金収支計算書の「第3号基本金引当特定資産運用収入」と「その他の受取利息・配当金収入」を集約して、活動区分資金収支計算書の「受取利息・配当金収入」となります。

(3) 雑収入

　改正基準により、従来は資金収支計算書の大科目「資産運用収入」の小科目だった「施設設備利用料収入」は、大科目「雑収入」に計上されることになりました。

〈表示の対応関係〉（太字は大科目、網掛け部分は活動区分）

【資/計】

雑収入

施設設備利用料収入	A
過年度修正収入	B
その他	C

⇩

【活/資】

教育活動
による資金収支

雑収入	A、C

その他の活動
による資金収支

過年度修正収入	B

【事/計】

教育活動収支

雑収入

施設設備利用料	A
その他	C

特別収支

その他の特別収入

過年度修正額	B

第3章

経常的な支払いに関連する活動

　学校法人における支出は、「人件費や経費などの経常的なもの」と「毎年度一定でない施設設備に関わるもの」に大きく分けられます。

　この章では、経常的な支払いに関連する活動としての「人件費」と「経費」それぞれの活動の流れと管理体制、さらに経常的な費用から計算される「第4号基本金」の計算方法についてご説明します。

1. 人件費

全体的な活動の流れ（主なもの）

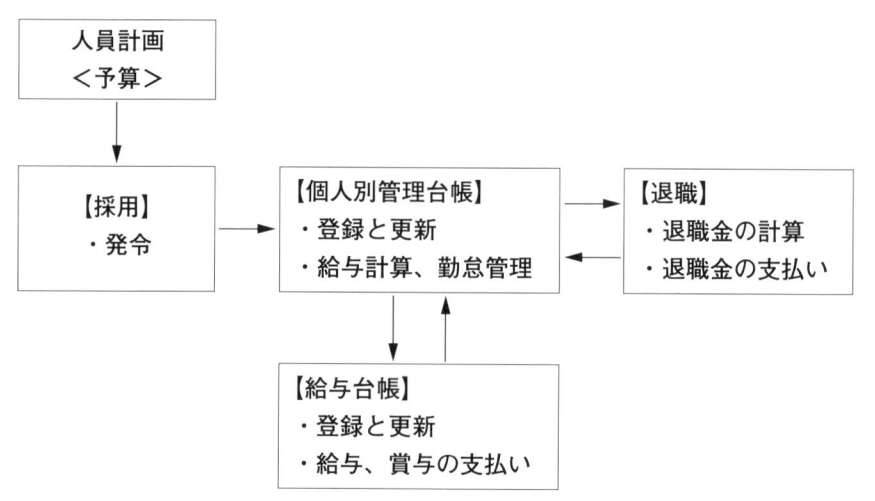

```
┌─────────────┐
│  人員計画    │
│  ＜予算＞   │
└──────┬──────┘
       │
       ↓
┌─────────────┐    ┌──────────────────┐    ┌─────────────┐
│  【採用】   │ →  │ 【個人別管理台帳】│ →  │  【退職】   │
│  ・発令    │    │ ・登録と更新     │ ←  │ ・退職金の計算│
│             │    │ ・給与計算、勤怠管理│  │ ・退職金の支払い│
└─────────────┘    └────────┬─────────┘    └─────────────┘
                            ↓ ↑
                   ┌──────────────────┐
                   │  【給与台帳】    │
                   │ ・登録と更新     │
                   │ ・給与、賞与の支払い│
                   └──────────────────┘
```

（1）各計算書類の科目表示

【資/計】	【人/内】		【事/計】
人件費支出		教育活動収支	人件費
教員人件費支出	教員人件費支出		教員人件費
	本務教員		
	本俸		
	期末手当		
	その他の手当		
	所定福利費		
	（何）ex.私立大学退職金財団負担金		
	兼務教員		
職員人件費支出	職員人件費支出		職員人件費
	本務教員		
	本俸		
	期末手当		
	その他の手当		
	所定福利費		
	（何）ex.私立大学退職金財団負担金		
	兼務職員		
役員報酬支出	役員報酬支出		役員報酬
			退職給与引当金繰入額
退職金支出	退職金支出		退職金
	教員		
	職員		
	（何）ex.役員		
	計		

（2）発令と個人別管理台帳

　教職員を任用する場合、教員は本務教員か兼務教員に、職員は本務職員か兼務職員に区分され、この区分によって会計処理科目が決まります。
　教員・職員、本務・兼務の区分は、経常的な補助金の計算にも大きく影響するため、個人別の管理台帳を作成して適切に区分及び管理することが重要です。

（3）給与支払業務と管理体制

　給与の支払いは、まず教職員の個人別管理台帳を作成し、それを基に勤怠情報を加味して給与を計算して支払うのが一般的な業務の流れとなります。それぞれの業務において留意すべき点は、以下のようになります。

▶個人別管理台帳の適切な維持・更新

　基本データの入力誤りを防ぎ、適切な給与計算を行うためには、教職員の採用時だけでなく、昇給や昇格があった場合に適時に管理台帳データの更新を行うことが必要です。
　また、架空教職員の設定などによる不正支出が発生するリスクを防止するためにも、教職員の退職があった際には、適時に管理台帳から抹消することも必要です。
　そのため、管理台帳にアクセスできる担当者を限定した上で、データの修正を行った場合には、適時に上席者が確認して承認するといった統制を構築することが重要です。特に退職者についての処理漏れを防止するためには、管理台帳の定期的な棚卸によって、適時・適切な処理が行われているかを確認することも有用です。

▶勤怠時間の管理

　毎月の勤怠時間については、各教職員の申請についてその内容が適切であ

るかを上席者が確認して承認することが必要です。
　承認された勤怠時間が適切に給与計算に利用されるためには、人事部門の給与担当者が、承認されたデータを給与計算システムに入力し、入力結果を第三者がチェックする体制が必要です。
　勤怠管理システムと給与計算システムを連携させることにより、入力のチェックの手間を防止するだけでなく、計算誤りが発生するリスクを抑えることも可能となります。

▶給与の支払い

　管理台帳と勤怠データを利用して、教職員ごとの給与が計算されます。
　給与計算は、システムによっているケースが一般的であると考えられますが、給与計算結果について異常な計算結果や、前月との乖離がないことを確認し、承認するという管理体制が必要です。
　承認された給与データを用いて支払いを行う際には、給与担当者が銀行振込データを作成し、上席者が承認するといった方法により、一人の担当者が支払業務を行わないような体制を構築することが重要です。

（4）退職金と退職給与引当金の計算

　学校法人は、退職金規程などにより、教職員の勤続年数に応じた退職金を支給する場合が一般的です。これに備える方法としては、学校法人自らが支払う方法もありますが、退職金団体に加入して対応しているケースが多いと思われます。
　退職給与引当金とは、年度末の時点で学校法人が負担すべき債務を計算書類上で明らかにするため、退職金規程等に基づいて算出した教職員全員分の退職金の期末要支給額（期末日時点で教職員全員が退職するとした場合に必要となる退職金の合計額）のうち、学校法人が負担する部分の100％を負債として貸借対照表に計上するものです。

（5）退職金団体について

　教職員の退職金支払いに備えるため、私立の大学・短期大学・高等専門学校を設置する学校法人が加入する公益財団法人私立大学退職金財団（以下「私大退職金財団」という。）や、私立の高等学校以下を設置する学校法人が加入する各都道府県ごとの私立学校退職金団体（以下「私学退職金団体」という。）があります。

　注意　退職金団体に関する会計処理は、加入する団体によって異なります。

▶負担金の支払時の会計処理と表示

　退職金団体に支払う負担金は、入会金・登録料・教職員の標準給与に対する掛金等がありますが、これらは人件費に計上します。

■【人／内】における表示

私大退職金財団の場合	適当な細分科目（例：私立大学退職金財団負担金）を独立して設定して処理
私学退職金団体の場合	「所定福利費」に含めるか、適当な細分科目（例：私学退職金団体掛金）を設定して処理

▶退職資金の給付時の会計処理と表示

　教職員の退職時には、退職金団体が算出した退職資金が学校法人へ給付され、退職者に支払われることになります。

　受け入れた退職資金は、雑収入に適当な小科目（例：私立大学退職金財団交付金収入、私学退職金団体交付金収入）を設定して処理します。

■ 会計処理と表示

	【資/計】・【活/資】	【事/計】
私大退職金財団の場合	退職金と交付金は相殺しない（両建で表示）	
私学退職金団体の場合	退職金と交付金は相殺しない（両建で表示）	退職金と交付金の額は、相殺して表示することもできる*

＊加入している退職金団体が、「積立方式」を採用している場合に限ります。

（6）年度末の会計処理（退職給与引当金の計上）

退職金団体によって、退職給与引当金の計上額の計算方法は異なります。

▶ 私大退職金財団の場合

私大退職金財団は、「修正賦課方式」という考え方に基づいて制度が設計されています。

「賦課方式」は、年度ごとに実際に退職する教職員に対して必要とされる交付金の額に見合うだけの資金を加入学校法人に配分し徴収する方式です。

私大退職金財団は、賦課方式に一定の積立金を保有して運営する財政方式である修正賦課方式を採用しており、財政運営上の安全性を確保するため、退職資金交付額の1年分に相当する額に若干の安全率を加味した積立を行っています。

修正賦課方式は、将来必要とされる交付金に対して資金を準備しているものではないため、退職給与引当金として計上する金額は、期末日の退職金要支給額の100％から、掛金の累計額を控除し交付金の累計額を加えた金額とされています。

【退職給与引当金繰入額の具体的な調整方法（例）】

	項　目	x1年度	x2年度	x3年度
引当金要繰入額	① 当年度末退職金要支給額	10,000	10,400	10,100
	② 前年度末引当金計上額	9,700	9,800	10,500
	③ 当年度引当金目的取崩額	400	700	700
	④ 差引引当金期末残高（②－③）	9,300	9,100	9,800
	⑤ 引当金要繰入額（①－④）	700	1,300	300
掛金・交付金調整	⑥ 当年度掛金額	500	400	1,100
	⑦ 掛金累積額	500	900	2,000
	⑧ 当年度交付金額	300	700	600
	⑨ 交付金累積額	300	1,000	1,600
	⑩ 引当金繰入調整額（⑦－⑨）	200	－100	400
	⑪ 引当金繰入額（－は戻入額）（⑤－⑩）	500	1,400	－100
	⑫ 当年度末引当金計上額（④＋⑪）	9,800	10,500	9,700

＊毎年度における引当金の実際繰入額は⑪、貸借対照表に計上されるべき引当金の額は⑫となる。

|注意| 私大退職金財団からの退職資金の交付金は、原則として掛金のみを財源としていますが、掛金を財源としない交付金が支給される場合があります。この掛金を財源としない交付金については、繰入調整額の計算において、交付金の累積額には含めません。

私大退職金財団の計算方法についてのイメージ
年度末に必要なお金（退職資金）を、現在加入している学校（教職員）から集める。
➡退職給与引当金の額は、その学校が過去に財団に支払った負担金の累計と、財団が過去に学校に支払った退職資金の累計を考慮して決まる。

▶私学退職金団体の場合

　私学退職金団体は、各団体の積立方式を検討して会計処理を行うべきですが、「事前積立方式」を採用する団体が多いようです。

事前積立方式は、登録された全教職員について将来必要とされる交付金を賄うに足る掛金を予測し、交付金に要する資金を事前に積み立てていく方式です。

事前積立方式は、将来の費用を事前に積み立てているため、掛金を毎年度費用化することは退職金費用の期間配分の思考に通じており、基本的には掛金の計上をもって退職給与引当金の設定に替えることができると考えられます。

したがって、退職給与引当金として計上する金額は、期末日の退職金要支給額の100％から、退職金団体より交付される額（期末日時点で教職員全員が退職するとした場合に交付を受ける金額の合計）を控除した金額となります。

なお、期末日の退職金要支給額よりも交付金額が上回っている場合は、退職給与引当金の計上は不要となります。

私学退職金団体の計算方法についてのイメージ
加入している教職員ごとに、将来の退職金の一部もしくは全額を毎年積み立てている。
→退職給与引当金の額は、学校の退職金規程に基づいて算出した金額から、退職金団体から交付される退職資金を差し引いた額となる。

▶ 退職金団体に加入していない場合

学校法人が各種の退職金団体に加入していない場合は、学校法人の退職金制度により計算された退職金期末要支給額の100％を、退職給与引当金として計上する必要があります。

この場合の退職給与引当金に相当する資金は、「退職給与引当特定資産」として現金預金とは区別して学校法人内で留保しておくことが望ましいと考えます。

（7）人件費の個別論点

▶ 本務者と兼務者の区分

本務と兼務の区分は、学校法人の正規の教職員として任用されているか否かによって区分されます。

私立大学経常費補助金取扱要領では、「専任の教職員として発令され、当該学校法人から主たる給与の支給を受けているとともに、当該私立大学等に常時勤務しているもの」を専任教職員としています。私立大学等の場合は、この専任教職員が原則として本務者となります。

一方で知事所轄学校法人では、各都道府県における私立学校経常費補助金交付要綱に基づいて定められる専任教職員の要件が、私立大学等の場合と必ずしも同一ではなく、また各都道府県によっても異なるため、専任の教職員か否かをもって、本務・兼務の区分基準とならない場合が考えられます。

例えば東京都では、専任の教職員の要件を備えた者であっても、学校法人が正規の教職員として雇用した者でない場合は本務者ではない旨を定めています。

したがって、本務・兼務の区分は基本的には各学校法人との身分関係が正規であるかどうかによることが適切であると考えられます。

▶ 教員人件費と職員人件費の区分

■ 実習助手の人件費

実習助手の人件費は、基本的には職員人件費となります。

これは、実習助手は、実験又は実習についての教員の職務を助ける者であり、直接教員としての職務を行うものではないためです。また、特に教員免許を要するものではないところから、学校基本調査では職員に分類されており、経常費補助金交付要綱でも一般に教員には含めていません。

ただし、実習助手を経常費補助金交付要綱で教員として取り扱っている都道府県もあるので、この取扱いについては所轄庁の指示の有無に留意が必要

です。

■ 研究員の人件費

　教授、准教授、講師等教員として研究所等に所属し、研究に携わっている場合には教員として取り扱われますが、単に研究員のみの場合には、その人件費は職員人件費となります。

▶ 役員（理事・監事）に係る人件費
■ 学校法人の理事が事務局長を兼務している場合

　理事が事務局長を兼務しており、給与は一括して支給している場合の役員報酬と職員人件費との区分は、以下のように考えられます。

　当該学校法人の職員給与表あるいは職員給与の支給実態から、事務局長として妥当とされる額を職員人件費とし、これを超える額については役員報酬として取り扱います。この計算によって役員部分の給与が生じない場合には、役員報酬の支給がないものとして取り扱います。

■ 役員に係る所定福利費の記載区分

　本務教職員に係る所定福利費は、人件費支出内訳表において「所定福利費」として区分掲記されます。一方で、役員報酬支出には細目科目が示されていないため、役員に係る所定福利費は役員報酬支出に含めて記載することになります。

■ 役員に係る退職金の記載区分

　教職員に対する退職金は、人件費支出内訳表の様式において退職金支出の細目として記載されます。これについて、役員に対する退職金も、一般の教職員に対する退職金とほぼ同様のものとして一般に認識されています。そのため、人件費支出内訳表の「退職金支出」のうちの「職員」の次に、「役員」の細分科目を設けて記載することが適切であると考えられます。

> 人件費関係の活動に関連する主な参考資料
>
> 通知等
>
> 退職給与引当金の計上等に係る会計方針の統一について（通知）（平23.2.17　22高私参第11号）
>
> 日本公認会計士協会の公表物
>
> 学校法人委員会研究報告第26号「人件費関係等について」（平26.7.29）
>
> 学校法人委員会実務指針第44号「『退職給与引当金の計上等に係る会計方針の統一について（通知）』に関する実務指針」（平26.12.2改正）
>
> 学校法人委員会研究報告第22号「私立大学退職金財団及び私立学校退職金団体に対する負担金等に関する会計処理に関するQ&A」（平26.7.29改正）

2. 経費の支払い(物品の購入等)

　物品購入などの経費の支払いは、不正や誤りを防ぐため業務の各段階で適切な手続、相互牽制を効かせることが重要です。

　以下では「物品」として記述していますが、業務委託などサービスの提供を受ける場合についても基本的な業務の流れは同様です。

全体的な活動の流れ（主なもの）

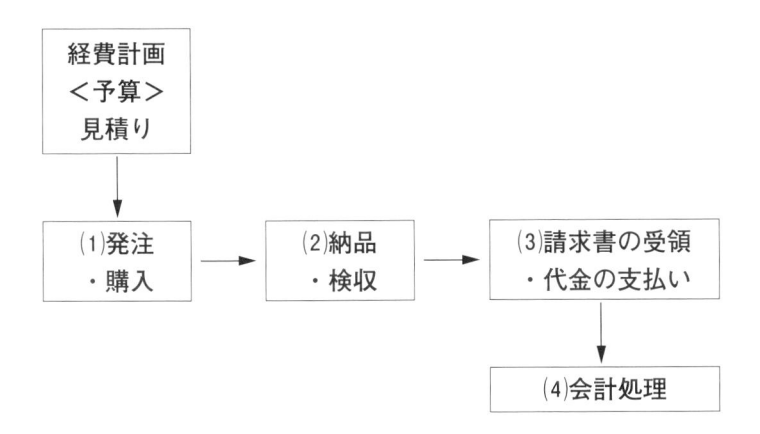

```
経費計画
＜予算＞
見積り
　↓
(1)発注    →    (2)納品    →    (3)請求書の受領
・購入           ・検収           ・代金の支払い
                                        ↓
                                 (4)会計処理
```

（1） 物品の発注と購入

　物品発注に際しては、金額に応じ職務権限規程等に基づいて適切な権限者が事前に承認を行い、それに基づいて発注・購入を行う体制が必要です。

（2） 物品の納品と検収

　物品を受領した時は、「納品された物」と「納品書（ないし請求書）」及び「発注書（もしくは発注承認の稟議書など、発注内容がわかる資料）」の三点を照らし合わせ、発注した内容で間違いなく納品されていることを確認できる体制にしておく必要があります。
　特に、研究費で物品を購入する場合は、与えられた予算を使い切るために、一般的に不適切な発注が行われるリスクが高まるとされています。例えば、研究者が業者と直接取引して架空の発注と検収を行い、学校法人から支払わせ、業者に不正に資金をプールするといった方法が考えられます。このような不正を防ぐためには、購買管理担当者を決め、発注から納品、検収管理ま

でを一元的に行うことで牽制を働かせることが重要です。

また、購買担当者が分離されており、実際に現物の納品・検収後であっても、その物品を業者に返品することにより、不正に資金をプールするという方法も考えられます。こういった不正を防ぐためには、検収時に物品自体に学校法人の管理番号を記載したシール等を添付するといった仕組みにしておくことが必要です。

【納品時のリスクと統制】

リスク	対応する統制
納品物が発注したものと異なるにもかかわらず、発見できず検収してしまうリスク	物品を受領した際、納品物と納品書及び発注書の三点を照合することにより、発注した内容が誤りなく納品されていることを確認する統制
研究費の使用について、研究者が業者と結託して架空の発注～検収を行い、学校法人から支払いを行わせ、業者に不正に資金をプールするリスク	購買管理担当を設け、発注、納品、検収管理を一元的に行うことで牽制を効かせる統制
実際に現物の納品も行うものの、納品・検収後に業者に返品することにより、業者に不正に資金をプールするリスク	購買管理担当による検収時に、物品自体に管理番号を記載したシール等を添付することで返品を防止する統制

（3）請求書の受領と代金の支払い

購入先から請求書が届いたらその内容を納品書と照合し、請求内容を確認した上で、支払業務を開始することが必要です。

支払いは一般的に不正が発生しやすい業務であるため、支払いにあたっては請求書を添付した支払データを担当者が作成し、支払データと請求書を上席者が照合して確認するといった統制が必要です。

また、インターネットバンキングなどの送金作業を行う権限を上席者のみ

が持つ、といったアクセス制限をかけることも有効です。

（4）会計処理

　原則的には納品時に費用（未払金）を認識し、実際の支払時に未払金を消去し現金預金を減少させます。
　しかし、月次決算においては支払時に仕訳を認識するのみで、決算期末である３月のみ未払金を認識するという方法でも、適切な年次決算という観点からは許容されるものと思われます。

▶経費の分類

　経費の小科目は、原則として形態分類によることとされています（例：消耗品費、光熱水費など）。
　しかし形態分類が困難で、金額も僅少な場合にはそれ以外の、例えば目的分類等も認められています（例：行事費、研究費、会議費、交際費など）。

（5）経費の個別論点

▶教育研究経費と管理経費の区分

　学校会計における経費は、教育研究のために支出する教育研究経費と、それ以外の管理経費に分かれます。この区分に関しては、以下の通達が示されています。

　〈教育研究経費と管理経費の区分について〉
　　次の各項に該当することが明らかな経費は、これを管理経費とし、それ以外の経費については、主たる使途に従って教育研究経費と管理経費のいずれかに含めるものとする。

項　目	趣　旨
1．役員の行う業務執行のために要する経費および評議員会のために要する経費	役員会の経費及び役員の旅費、事業費、交際費等の経費を指すものである。
2．総務・人事・財務・経理その他これに準ずる法人業務に要する経費	法人本部におけるこれらの業務のみならず、学校その他の各部門におけるこの種の業務に要する経費も含めることが適当である。
3．教職員の福利厚生のための経費	
4．教育研究活動以外に使用する施設、設備の修繕、維持、保全に要する経費（減価償却費を含む。）	
5．学生生徒等の募集のために要する経費	入学選抜試験に要する経費は含まない。
6．補助活動事業のうち食堂、売店のために要する経費	寄宿舎に要する経費を学校教育経費とするか、管理経費とするかは、各学校法人における寄宿舎の性格と実態に即して学校法人において判断する。
7．附属病院業務のうち教育研究業務以外の業務に要する経費	

（出典：文部省通知（雑管第118号））

　上記に列挙されている経費で、例えば光熱水費のように教育研究用と管理用の両方に関連しているものについては、それぞれ直接把握するか、その使用割合など合理的な配分基準によって按分します。
　配分基準は経費の性質ごとに、建物の面積、教職員数、学生生徒数といった基準から合理的なものを選択して適用する必要があります。
　また、1～7に列挙されていない経費については、その主たる使途に従って教育研究経費か管理経費のいずれかに処理することとされています。

　注意　経費の区分に関しては、所轄庁によっては別途指示を出しているケースがあります。

経常費補助金の補助金対象経費には教育研究経費が含まれるため、管理経費よりも教育研究経費に計上するインセンティブが働くこととなります。そのため、そのような見方がなされても合理的に説明ができるよう、学校法人として詳細な処理ルールや配分基準を定め、継続して適用することが重要です。

▶ 補助活動に関する経費

補助活動としての食堂、売店、寄宿舎等に係る経費については、以下のような考え方により区分します。

> 食堂、売店及び全寮制以外の寄宿舎に係る経費は管理経費とし、全寮制寄宿舎に係る経費は教育研究経費とする。

全寮制とは、教育研究目的により1年生全員の寄宿を義務付ける等の場合を指し、単に遠隔地からの学生の一部に対して寄宿舎を用意しておく場合は含まれません。

この考え方が適用される範囲は、付随事業収入のうち、補助活動収入の小科目で処理される事業に限定されます。

一般的に補助活動として考えられる事業のうち、学校教育のカリキュラムの中では取り扱われていない公開講座、課外講座等の教育補完事業等に関しては、寄宿舎事業の区分の考え方を適用することには無理があるため、教育補完事業等の収入科目を補助活動収入とは別の小科目（例：公開講座収入）を設け、当該科目で処理しているものの経費については、教育研究経費として処理することが認められています。

以上のように、収入科目の区分によってそれに対応する経費が教育研究経費か管理経費に区分されることとなるため、注意が必要です。

▶ 建物等の取壊し費用

　建物等を取り壊す際に発生する費用は、取壊しの対象となった資産の使途に応じて教育研究経費と管理経費のいずれかで処理します。

　つまり、教育研究関係の固定資産の取壊し費用は教育研究経費として、管理関係の固定資産の取壊し費用は管理経費として処理することになります。

　ただし、教育研究諸活動の維持・継続のための支出か否かを重視して、取壊しにより教育研究活動が停止する場合には教育研究経費とすべきではないとする見解もあることから、建物等の取壊し後の土地を教育研究関係から管理関係へ使途変更する場合には、管理経費としての処理も認められています。

経費関係の活動に関連する主な参考資料

　通知等

「教育研究経費と管理経費の区分について（報告）」について（通知）（昭46.11.27　雑管第118号）

　日本公認会計士協会の公表物

学校法人委員会研究報告第30号「教育研究経費と管理経費の区分に関するQ&A」（平26.9.3改正）
学校法人委員会報告第34号「学校法人における消費税の会計処理及び監査上の取扱いについて（中間報告）」（平1.3.28）
学校法人会計問答集（Q&A）第10号「学校法人会計に関する消費税について」（平2.1.18）

第3章　経常的な支払いに関連する活動

3. 第4号基本金

　第4号基本金とは、会計基準の第30条第1項第4号に定められている基本金です。

＜学校法人会計基準　第30条（基本金への組入れ）＞
〔第1項　第4号〕恒常的に保持すべき資金として別に文部科学大臣の定める額

　文部科学大臣の定める額は、文部大臣裁定「恒常的に保持すべき資金の額について（昭62.8.31　文高法第224号）」で定められていましたが、基準改正に伴い改正となりました。
　改正された大臣裁定は、「『恒常的に保持すべき資金の額について』の改正について（通知）（平25.9.2　25高私参第9号）」に別添の形で表されています。

（1）第4号基本金の設定趣旨

　学校法人が継続的に教育研究活動を行っていくためには、一定額の資金が必要であるため、この資金を適切に確保するために定められています。
　今回の改正では、第4号基本金の必要性が改めて確認されました。

（2）第4号基本金に組み入れるべき金額の算定

▶算定式

　恒常的に保持すべき資金の額は、学校法人のおおよそ1ヶ月の活動に必要な資金として計算されます。
　具体的には、前年度の事業活動収支計算書における教育活動収支の人件費

（退職給与引当金繰入額及び退職金を除く）、教育研究経費（減価償却額を除く）、管理経費（減価償却額を除く）及び教育活動外収支の借入金等利息の決算額の合計を、12ヶ月で除した額（100万円未満の端数は切捨て可）となります。

〈前年度の事業活動収支計算書より〉

教育活動収支	人件費	＋
	退職給与引当金繰入額	△
	退職金	△
	教育研究経費	＋
	減価償却額	△
	管理経費	＋
	減価償却額	△
教育活動外収支	借入金等利息	＋
	合計	A
	合計を、12で割った額	A ÷ 12

▶ 特　　例

算出した恒常的に保持すべき資金の額（以下、「計算額」という）が、前年度の保持すべき資金の額を下回る場合は、その差額について第4号基本金を取り崩し、上回るときは第4号基本金を追加で組み入れます。

ただし、実務が煩雑になることを防止するため、以下のような特例が定められています。

　ア．計算額が、前年度の保持すべき資金の額の100分の80以上100分の100未満の場合は、前項の規定にかかわらず、前年度の保持すべき資金の額をもって、当年度の保持すべき資金の額とする。

　イ．計算額が、前年度の保持すべき資金の額の100分の100を超えて100分の120以内の場合は、前項の規定にかかわらず、前年度の保持すべき資金の額をもって、当年度の保持すべき資金の額とすることができる。

つまり、前年度水準の80％以上であれば取崩しは不要で、80％未満となっ

第3章 経常的な支払いに関連する活動

た場合には取崩しを行う、ということです。

80％未満となった場合、それは一時的な減少ではなく、学校法人の支出規模が減少したとみなして、財政状態をより適正に表示するため、一定の水準を設けて判定することとしたものです。

▶改正時の経過措置

平成27年度に関しては、経過措置により平成26年度の消費収支計算書の数値により計算することになります。

また、平成28年度に関しては、先述の「特例のア.」は適用しません。

■ 特例と経過措置

「特例」と「経過措置」の関係を図で説明すると以下の通りとなります。

対前年比が80%≦(当年度計算額)＜100%の場合

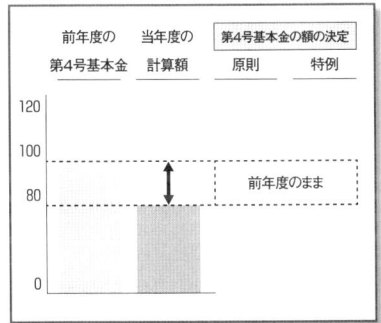

前年度の 第4号基本金	当年度の 計算額	第4号基本金の額の決定	
		原則	特例
120 100 80 0			前年度のまま

「大臣裁定」より

2.〔特例〕
ア．計算額が、前年度の保持すべき資金の額の100分の80以上100分の100未満の場合は、前項の規定にかかわらず、前年度の保持すべき資金の額をもって、当年度の保持すべき資金の額とする。
→下回っても、取り崩さない

3.〔経過措置〕
イ．平成28会計年度に係る計算額
平成28会計年度に係る計算額が、平成27会計年度に係る基本金の額を下回る場合については、2．ア．に定める特例は適用しないものとする。
→下回ったら、取り崩す必要がある

対前年比が100%＜(当年度計算額)≦120%の場合

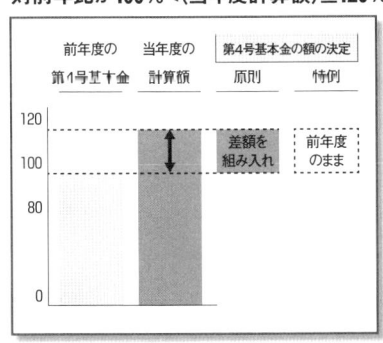

前年度の 第4号基本金	当年度の 計算額	第4号基本金の額の決定	
		原則	特例
120 100 80 0		差額を 組み入れ	前年度 のまま

「大臣裁定」より

2.〔特例〕
イ．計算額が、前年度の保持すべき資金の額の100分の100を超えて100分120以内の場合は、前項の規定にかかわらず、前年度の保持すべき資金の額をもって、当年度の保持すべき資金の額とすることができる。
→組み入れるかどうかは、任意

63

対前年比が（当年度計算額）＜80％の場合

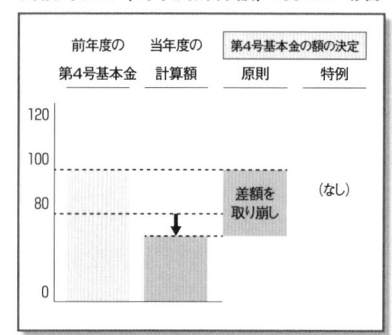

```
前年度の    当年度の    第4号基本金の額の決定
第4号基本金  計算額     原則      特例
120
100
80                    差額を
                      取り崩し    （なし）
 0
```

「大臣裁定」より

3．〔経過措置〕
　ア．平成27会計年度に係る計算額
　　②①により計算した額が、前年度の保持すべき資金の額を下回るときは、①の規定にかかわらず、前年度の保持すべき金額をもって、当年度の保持すべき資金の額とする。
　→平成27年度は、下回っても取り崩さない

対前年比が120％＜（当年度計算額）の場合

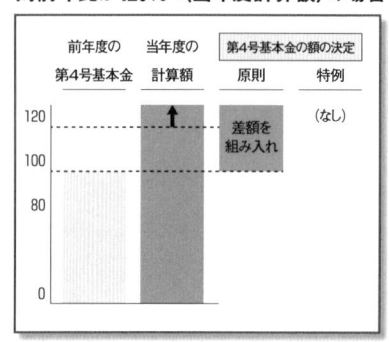

```
前年度の    当年度の    第4号基本金の額の決定
第4号基本金  計算額     原則      特例
120         ↑
100                   差額を
 80                   組み入れ   （なし）
  0
```

|注意|　知事所轄の学校法人においては、改正する学校法人会計基準の適用が一会計年度ずれるため、参事官通知（25高私参第9号）中の「平成26年度」は「平成27年度」に、「平成27年度」は「平成28年度」に、「平成28年度」は「平成29年度」にそれぞれ読み替えます。

（3）第4号基本金に対応する資金

　学校法人は、算出された第4号基本金に相当する資金を保有することが必要となります。
　この「第4号基本金に相当する資金」は、現金預金及びこれに類する金融商品をいいます。

第3章　経常的な支払いに関連する活動

　現金預金とは、貸借対照表上の現金預金であり、またこれに類する金融商品とは、他の金融商品の決済手段として用いられるなど、支払資金としての機能をもっており、かつ、当該金融商品を支払資金と同様に用いている金融商品をいいます。

▶第4号基本金に対応する資金が不足する場合

　第4号基本金に相当する資金を年度末時点で有していない場合には、「その旨」と「確保するための対策」を貸借対照表に注記しなければなりません。
　なお、詳細については、第6章で説明します。
　基本金は第1号から第4号までありますが、本書では基本金について章をわけて取り上げています。

	関係項目			本書での取扱章
	計算方法・考慮事項	対応する資産	決算時の注意事項	
第1号基本金	基本金組入対象資産の増加と減少 借入金・未払金の有無 第2号基本金からの振替	教育のために取得した固定資産	未組入額について【B/S注記】	第4章
第2号基本金	将来取得予定の固定資産 第1号基本金への振替	第2号基本金引当特定資産	「計画表」の作成が必要 複数ある場合は「集計表」も	第4章 第5章 第1章
第3号基本金	奨学基金	第3号基本金引当特定資産	「計画表」の作成が必要 複数ある場合は「集計表」も	第5章 第1章
第4号基本金	前年度の事業活動収支計算書から算出（約1ヶ月分の支出）	現金預金等	第4号基本金に相当する資金について【B/S注記】	第1章 第3章

基本金（第1号～第4号）に関連する主な参考資料

[通知等]

「基本金設定の対象となる資産及び基本金の組入れについて（報告）」について（通知）（昭49.2.14　文管振第62号）

基本金明細表（第4号基本金関係）等の記載例（昭62年　文部省）

学校法人会計基準に基づく基本金組入れについて（平8.2.6　8高法第1号）

学校法人会計基準の一部改正について（通知）（平25.4.22　25文科高第90号）

学校法人会計基準の一部改正に伴う計算書類の作成について（通知）（平25.9.2　25高私参第8号）

「恒常的に保持すべき資金の額について」の改正について（通知）（平25.9.2　25高私参第9号）

[日本公認会計士協会の公表物]

学校法人委員会報告第32号「基本金に関する会計処理及び監査上の取扱いについて（その1）」（平9.3.25改正）

学校法人委員会研究報告第15号「基本金に係る実務上の取扱いに関するQ&A」（平26.12.2改正）

学校法人委員会実務指針第45号「『学校法人会計基準の一部改正に伴う計算書類の作成について（通知）』に関する実務指針」（平26.1.14）

第4章

施設設備に関連する活動

　この章では、学校法人における支出のうち、「毎年度一定でない施設設備に関わるもの」について、活動の流れと管理体制、さらに施設設備等の資産を計算根拠としている「第1号基本金」と「第2号基本金」の計算方法について説明します。

1. 固定資産に関連する活動

全体的な活動の流れ（主なもの）

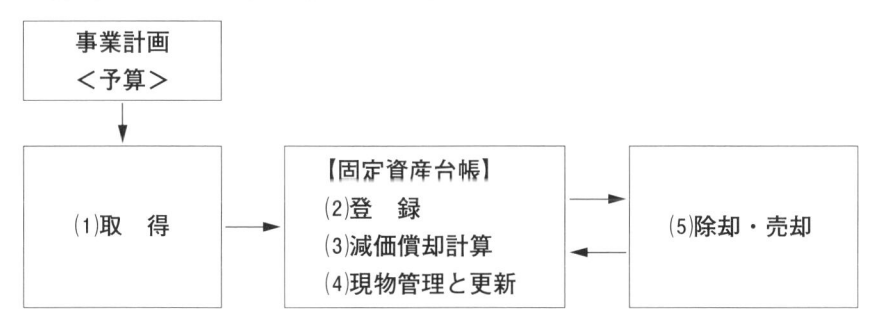

```
事業計画
＜予算＞
   ↓
(1)取　得  →  【固定資産台帳】      →  (5)除却・売却
              (2)登　録
              (3)減価償却計算
              (4)現物管理と更新     ←
```

（1）取得（購入もしくは現物寄付等）

　購入時までの流れは、経費の支払いと同様に適切な承認体制等が必要です。その他、質的・金額的に重要となりやすい固定資産の取得に際しては、その取得計画を事前に立案し、予算等に反映されるような体制にする必要があります。

▶取得価額に含まれる費用

　固定資産の取得価額には、その資産の購入代価の他に当該固定資産の取得に直接要した費用や固定資産の使用に供するまでに発生した費用を含みます。

　固定資産の取得に直接要した費用とは、例えば、引取運賃、荷役費、運送保険料、購入手数料、関税などをいいます。また、使用に供するまでに発生した費用とは、例えば、機械装置などの据付費、試運転費等などが含まれます。

▶固定資産計上基準と少額重要資産
■消耗品と固定資産

　購入した物品のうち、使用可能期間が1年未満あるいは金額的に重要性のないものは、消耗品費（消耗備品費）として購入時に費用処理することとなります。

　一方で、使用可能期間が1年以上かつ金額的に重要性のあるものは固定資産として処理し、固定資産台帳に登録した上で現物管理をしていくこととなります。

　金額的に重要性のないものを固定資産ではなく消耗品費として処理することを認めているのは、使用可能期間が1年以上のものすべてを固定資産に計上すると、金額的に僅少なものまでも固定資産台帳への登録や減価償却計算を行うこととなり、実務的に煩雑であるためこれを回避するためです。

　この重要性に関する金額的な基準に関しては、各学校法人において適当な

金額を定め、経理規程やマニュアルで定めた上で、継続して適用することが必要です。

〔固定資産計上基準の例〕
　例えば東京都においては、「教育研究用機器備品及び管理用機器備品に計上する基準は、1個又は1組の価額が一定金額以上であるものとする。この一定金額は、5,000円から50,000円の範囲内で学校法人が定めること。」としています。
（参考）東京都総務局学事部長通知　「基準の処理標準の改正について（通知）（昭58.11.1　58総学二第398号）」

　一方で、文部科学大臣所轄法人はより規模が大きいケースが多く、企業が利用する基準である10万円や20万円といった金額基準を設けている場合も多いようです。

■ 少額重要資産
　消耗品については購入時に費用処理されますが、例外として「少額重要資産」については、資産に計上することとされています。
　少額重要資産とは、学校法人の所有する机・椅子・書架・ロッカー等の学校法人の性質上基本的に重要なもので、常時相当多額に保有していることが必要とされる資産をいいます。
（参考）文部省管理局長通知　｜『基本金設定の対象となる資産及び基本金の組入れについて（報告）』について（通知）（昭49.2.14　文管振第62号）」

　学校法人の机・椅子・書架・ロッカーなどは、主に学生生徒数に応じて相当多数を同時に使用することになります。これらの資産は個々の金額が少額であっても、合計した金額でみれば重要なものとなるため、これらを購入時に費用として処理すると計算書類が学校経営の実態を適切に表さないおそれ

があります。

　また、消耗品として処理される場合は基本金組入れの対象外となり、これらの学校経営上重要な資産について、再取得の可能性を担保することが阻害されることとなります。そのため、このような状況を回避するための処置として、少額重要資産が設定されています。

　どのような資産を少額重要資産とするかについては、各学校法人で決定した上で、経理規程等に具体的な内容を明記することが必要となります。

▶ 建設仮勘定

　建設仮勘定とは、「建設中又は製作中の有形固定資産をいい、工事前払金、手付金等を含む」ものです。

　したがって、建設仮勘定に計上されるのは、いずれ有形固定資産となるべきものに限られます。会計年度をまたぐ場合には、支払ったものの中にその年度中に経費として処理すべきものが含まれていないか（資産性に問題はないか）、十分注意が必要です。

（2）固定資産台帳

　固定資産は複数年度にわたり使用する資産であるため、固定資産を購入した際は、固定資産台帳に登録し管理することが必要です。台帳には、個々の資産ごとに、固定資産番号・取得年月日・取得価額・償却方法・耐用年数など必要な情報を登録します。

　台帳に登録された情報に基づいて減価償却計算や除却・売却の処理が行われることになるため、これらの入力内容を誤ると、各種の会計処理が適切に行われないおそれがあります。したがって、台帳の登録内容が正確であることを確認するための管理体制を構築する必要があります。

　具体的には、固定資産登録のための申請フォーマットを準備し、必要な情報が購入部門から管理部門に適切に伝達されるようにする、担当者が台帳登録した後に上席者が確認する、といった方法が考えられます。

▶ 台帳登録のポイント

　固定資産の取得に際して、追加工事などにより複数の見積書がある工事や、工期が会計年度をまたぐ工事などの場合は、取得価額の決定が複雑になります。

　多額の施設設備の取得については、取得価額の決定とともに、会計上の計上科目の決定、台帳への個々の資産の登録単位の決定なども非常に重要となります。

　台帳への登録は、現物管理の観点から現実的に管理しやすく、除却や売却時に対象資産を特定できるかどうかという観点で実施しておくことが望ましいと考えます。

　また、台帳登録日は、固定資産取得に関する支払日ではなく、引渡しを受け利用を開始した日、すなわち減価償却を開始する日となりますので注意が必要です。

　その他、台帳登録に際しての留意点としては、非資金取引として増加して

いる資産(建設仮勘定から本勘定への振替えや現物寄付など)も適切に登録されているかといった点や、台帳への登録名称が具体的に対象資産を特定できるような名称となっているか、さらには現物管理の責任部署や責任者名も登録しておくと、現物実査にも役立ちます。

多額の工事などでは、業者からの見積金額の中に複数の固定資産に配賦すべき共通経費等もありますので、一定の配賦計算が必要となります。過去に行った配賦計算方法をすぐ参照できるよう、関係資料を適切に管理することが望ましいと考えます。

(3) 減価償却

固定資産のうち時の経過によりその価値が減少するもの(減価償却資産)については、定額法により減価償却を行うこととされています。

減価償却とは、固定資産の取得に要した支出を、その使用期間にわたって費用配分するための手続きであり、事業活動収支計算書の「教育活動収支―事業活動支出の部」に、小科目「減価償却額」として計上されるものです。

注意　資金支出を伴わないので、資金収支計算書には影響しません。

▶償却資産と非償却資産

減価償却が必要な固定資産(●のついた科目)は、次ページの通りです。

固定資産科目		償却の有無
有形固定資産	土　地	
	建　物	●
	構築物	●
	教育研究用機器備品	● 注1
	管理用機器備品	● 注1
	図　書	注2
	車　両	●
	建設仮勘定	
特定資産	第2号基本金引当特定資産	
	第3号基本金引当特定資産	
	○○引当特定資産	
その他の固定資産	借地権	
	電話加入権	
	施設利用権	●
	ソフトウェア	●
	有価証券	
	収益事業元入金	
	長期貸付金	

注1：備品のうち、書画や骨とう（複製のようなもので、単に装飾的目的にのみ使用されるものを除く。）については、時の経過によりその価値が減少しないため、減価償却資産には該当しません。

注2：図書については、原則として減価償却を必要としないものとされますが、図書を管理して除却処理を行うことが困難である場合は、総合償却の方法によることも認められます。

▶ 減価償却の計算方法

減価償却の方法は、定額法の他に定率法、生産高比例法等があり、企業会

計においてはそれらを選択適用しますが、学校法人会計においては定額法を使用することが義務付けられています。

定額法による減価償却は、取得価額から残存価額を控除した金額を耐用年数で除すことで、毎期の償却額を求める方法です。

残存価額とは、使用が終わったあとの処分額をいい、取得価額の5％や10％として設定されることとなりますが、学校法人会計においては残存価額をゼロとして取り扱うことも認められています。

<計算式>

$$\frac{取得価額 - 残存価額}{耐用年数} = 定額法による減価償却額$$

■ 残存価額と備忘価額

学校法人会計の減価償却計算においては、残存価額をゼロとして取り扱うことが認められていますが、この場合は耐用年数が到来すると取得価額のすべてが償却によりなくなってしまい、固定資産台帳から除かれてしまいます。

耐用年数が到来しても現実にはまだその資産を有している場合は、その存在を台帳上に残しておく必要があり、そのために「備忘価額」を付して台帳に登録したままにします。

備忘価額は、各学校法人で決めることができますが、知事所轄学校法人においては、所轄の指示がある場合もあるので注意が必要です。

〔備忘価額の例〕

例えば東京都においては、「固定資産の備忘価額は1円か100円」としています。

▶ 耐用年数

減価償却計算に使用する耐用年数は、当該資産の使用可能期間を勘案して各学校法人で設定するものですが、「減価償却資産の耐用年数等に関する省令」

（財務省令）や、日本公認会計士協会が提示する以下の耐用年数表に従っていれば妥当なものと考えられます。

<固定資産の耐用年数表>

種類		構造 等	耐用年数
建物	建物	鉄筋・鉄骨コンクリート造	50
		ブロック造、レンガ造、石造	40
		金属造	30
		木造	20
		簡易建物	10
	建物付属設備	電気設備	15
		冷暖房ボイラー設備	
		昇降機設備	
		給排水衛生設備	
		消火災害報知設備	10
		簡易間仕切	5
構築物		鉄筋コンクリート造	30
		コンクリート造	15
		金属造	
		その他	10
教育研究用機器備品 管理用機器備品		構造、用途、使用状況等に応じて、右欄の耐用年数を選択適用するものとする。	15
			10
			5
車両			5
施設利用権			15

注1：付属病院、研究所等の機器備品については、別途考慮することができる。
注2：この表にない資産又はこの表の区分によりがたい資産については、学校法人が別途定めるものとする。

機器備品については15年、10年、5年から学校法人において選択適用することになるため、同種類の機器備品が毎会計年度同一の耐用年数によって償却されるよう、種類別に経理規程等で指針を準備することが必要です。

▶ 取得年度の減価償却額

会計年度の途中に取得した固定資産については、原則的には年間の減価償却額を月数按分して計上する必要がありますが、重要性がない場合には次のような簡便法により処理することも認められています。

イ．取得時の会計年度は償却額年額の2分の1を計上する。
ロ．取得時の会計年度は償却を行わず、翌会計年度から行う。
ハ．取得時の会計年度から償却額年額により行う。

▶ 機器備品の減価償却

本来、減価償却は個々の資産についてそれぞれ計算するのが原則です。

しかし、事務手続きの簡素化のため、少額で多数計上される傾向のある機器備品の減価償却については、「グループ償却」によることも認められています。

グループ償却とは、減価償却の簡便法の1つであり、取得年度ごとに同一の耐用年数の機器備品を1つのグループとし、毎会計年度一括して減価償却を行い、減価償却の最終年度に当該機器備品グループを現物の有無に関わらず一括で除却処理をするという方法です。

ただし、グループ償却を採用している場合は、会計上除却処理をしたとしても、現物が存在している場合には「簿外管理台帳」等を作成してその管理を行う必要があります。

近年、固定資産台帳ソフト等の普及により、固定資産の償却計算における実務的な煩雑さは少なくなっていると思われます。個々の資産の減価償却計算が台帳ソフトで簡単にできるのであれば、「保有資産の管理」という目的からはすべての資産について個別に償却計算をし、なおかつ現物の有無の確

認も固定資産台帳の中で行うことが望ましいと考えます。

▶会計方針の規程化について

このように、固定資産の減価償却は様々な方法があり、各学校法人が最適な方法を選択し、毎期継続して適用する必要があります。そのため、減価償却などの固定資産に関する会計方針については、経理規程等に具体的に記載するなどして、一貫して適切な処理が行われるような体制を整えることが重要です。

▶所轄庁による指示について

減価償却等に関して、所轄庁から詳細な指示がある場合があります。所轄庁からの通知、特に知事所轄学校法人にあっては、都道府県からの通知などに十分注意が必要です。

（4）固定資産の管理

▶現物管理

固定資産の現物の管理は、固定資産台帳を元に実施することになります。

台帳で付与された個々の資産番号をシール等で現物に貼付することで、台帳と現物が有機的に結びつき、現物管理を行うことが可能となります。

固定資産は、購入時は固定資産の管理部署を経由するため適切に会計処理されますが、その後に部門間で移動した際や、廃棄された際には資金の動きがないため管理部署にその情報が伝達されず、結果として台帳に適切に反映されない可能性があります。そのようなことを防ぐためには、定期的に固定資産の現物を調査し、台帳との照合を行うことが重要です。

実際の現物調査にあたっては、学校の固定資産は膨大な件数となることが多く、経理部門等の特定の部署が全てを直接行うことは困難な場合があります。そのような場合には、固定資産を使用する各部署に台帳を提供し、各部

署に現物の有無を回答してもらう形で調査を実施する方法が考えられます。

　また、適切な決算の観点からは、現物調査は少なくとも年に一度は実施することが望ましいですが、部署ごとのローテーションにより現物調査を行い、複数年で一巡するといった方法も考えられます。

▶ 資産計上か経費処理かの判断

　老朽化した固定資産などは修繕を行うことになりますが、このような場合、修繕費として費用処理するか、あるいは固定資産として資産計上するのか、それぞれの状況により判断が必要となります。

　固定資産の価値を高め、あるいは使用可能期間が延長される等の質的向上が見込まれる場合は資産計上となります。これには既存施設の用途変更も含まれます。

　一方で、現状維持や補修のための支出は修繕費として経費処理することになります。

【資産計上と経費処理の例示】

区　分	例　示
資産計上 （施設関係支出）	【教室の改造工事】 大教室を改造して２つの特別教室を作るケース ⇒用途の変更として、建物の質的向上を伴うものであるため、資産計上が妥当です。 【和式トイレから洋式トイレへの改装工事】 学生の要望に応えるため、和式トイレから洋式トイレに変更する工事を行ったケース（給排水設備や間仕切りの改修を伴う） ⇒固定資産の価値を高め、質的に向上していると考えられるため、資産計上が妥当です。
経費処理 （修繕費支出）	【建物の壁面塗装工事】 老朽化した校舎の壁面全面の塗装工事で、塗装は元の校舎に使用していたものと同種のものを使用しているケース ⇒建物の現状を維持するための支出であり、修繕費支出として経費処理します。

（5）除却・売却

▶除却・売却の手続き

　不要となった固定資産は、除却あるいは売却を行うことになります。取得時と同じく、除却や売却を行う場合にも、適切な申請と承認が行われる体制を構築する必要があります。

　定型的な申請書があることにより、各部署の担当者が申請する必要があることを認識でき、管理部署においては対象資産や除却・売却の時期を把握で

き、適時・適切な会計処理を行うことが可能となります。

　特に、除却については資金の動きがないことから、申請が網羅的に実行されないおそれがあります。これについては前述した現物調査を定期的に実施することにより、処理漏れを事後的に把握することが可能となります。

▶ 除却時の会計処理

　固定資産を除却した場合は、当該資産の除却時点の簿価を貸借対照表から落とし、事業活動収支計算書上で費用を認識することになります。

〔事例〕　取得価額1,000、簿価100の建物を除却
　建物の処分差額は「施設処分差額」で処理している。

仕訳例①

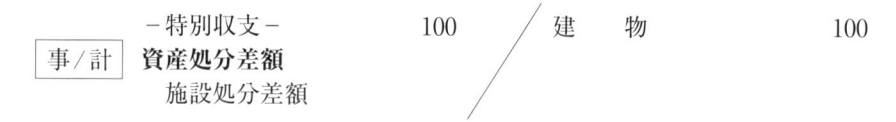

事/計	－特別収支－ **資産処分差額** 　施設処分差額	100	建　　物	100

仕訳例②

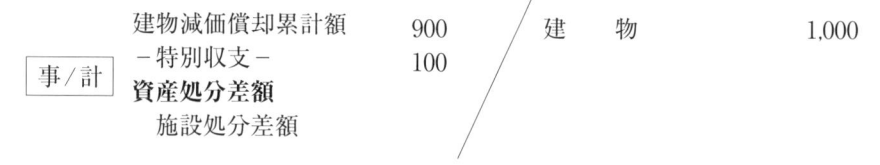

事/計	建物減価償却累計額 －特別収支－ **資産処分差額** 　施設処分差額	900 100	建　　物	1,000

注意　資金支出を伴わないので、資金収支計算書には影響しません。

▶ 売却時の会計処理

　固定資産を売却した場合は資金の移動があるため、資金収支計算書、事業活動収支計算書の両方で仕訳を認識することになります。

　事業活動収支計算書の仕訳は、売却価額が固定資産の簿価を上回っているか下回っているかにより、認識する科目が異なります。

■ 売却益が出る場合

〔事例〕 取得価額1,000、簿価100の建物を500で売却

建物の売却収入は「施設売却収入」、売却差額は「施設売却差額」で処理している。

【資/計】の仕訳例

| 資/計 | 現金預金 | 500 | 資産売却収入
　施設売却収入 | 500 |

【活/資】の区分は「施設整備等活動による資金収支」、科目は「施設設備売却収入」となります。

【事/計】の仕訳例①

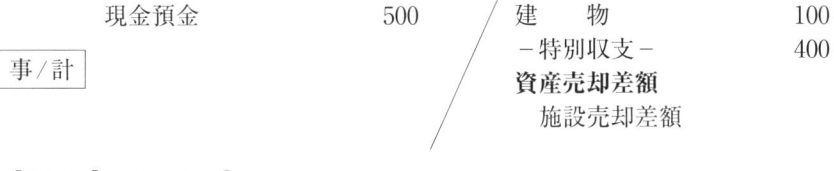

| 事/計 | 現金預金 | 500 | 建　　物
－特別収支－
資産売却差額
　施設売却差額 | 100
400 |

【事/計】の仕訳例②

| 事/計 | 建物減価償却累計額
現金預金 | 900
500 | 建　　物
－特別収支－
資産売却差額
　施設売却差額 | 1,000
400 |

■ 売却損が出る場合

〔事例〕 取得価額1,000、簿価100の建物を50円で売却

建物の売却収入は「施設売却収入」、処分差額は「施設処分差額」で処理している。

【資/計】の仕訳例

| 資/計 | 現金預金 | 50 | 資産売却収入
　施設売却収入 | 50 |

【活/資】の区分は「施設整備等活動による資金収支」、科目は「施設設備

売却収入」となります。

【事/計】の仕訳例①

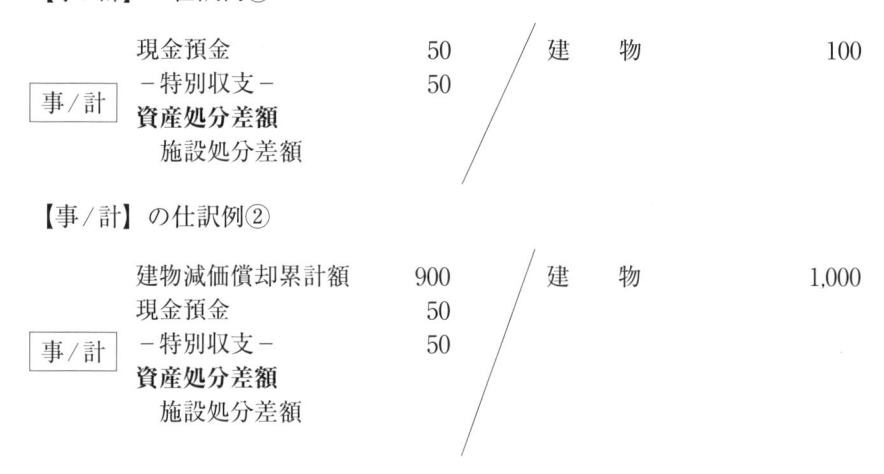

| 事/計 | 現金預金 －特別収支－ **資産処分差額** 施設処分差額 | 50 50 | / | 建　　物 | 100 |

【事/計】の仕訳例②

| 事/計 | 建物減価償却累計額 現金預金 －特別収支－ **資産処分差額** 施設処分差額 | 900 50 50 | / | 建　　物 | 1,000 |

▶ 有姿除却

　学校法人会計では、企業会計で行われるような減損会計は導入されていませんが、今回の改正によって「有姿除却」が可能となりました。

■ 有姿除却の適用

　有姿除却とは、実際に資産の除却や売却を行っていない場合でも、現に使用することをやめ、かつ、将来も転用等によって使用する予定のない有形固定資産又は無形固定資産について、要件を満たす場合に貸借対照表の計上額から除かれることを意味します。

第4章　施設設備に関連する活動

<要件>

①	その固定資産の使用が困難な場合
②	その固定資産の処分ができない場合
③	理事会及び評議員会*の承認がある ＊私学法第42条第2項の規定に基づき、寄附行為をもって評議員会の議決を要することとしている場合に限る

具体例としては、

・地中に空洞があり崩落の危険性から、埋め戻して使用可能な状態にするには巨額の支出を要する土地や建物
・使用困難となった構築物だが校舎と一体であり処分するには長期間校舎を閉鎖しなければならない場合

■ 有姿除却の会計処理

備忘価額を残して、貸借対照表の計上額から除きます。

処分差額については以下のように科目を設けます。

【事/計】－特別収支の「資産処分差額」に、小科目「有姿除却等損失」

注意　有姿除却を行った資産については、教育の用に供されていないことから、その資産に対応する第1号基本金については、備忘価額の金額も含めて取崩しの対象とする必要があります。

■ 減損会計との関係

企業会計においては、収益性が低下した固定資産については減損会計が導入されており、この枠組みの中で貸借対照表の金額を切り下げます。

この点、学校法人は収益獲得を目的として資産を保有しているわけではないことから、減損会計は導入されていません。

一方で、大規模な災害等により学校法人が保有する校地校舎等の使用が困難となり、かつ処分もできないような状況が生じた場合に、資産を計上し続けることは学校法人の財政状態を適切に表さないこととなります。これを解

消するため、有姿除却の考え方が今回の基準改正に伴い導入されました。

（6）固定資産に関する個別論点

▶図　　書

長期間にわたって保存、使用することが予定される図書は、取得価額の多寡にかかわらず固定資産に属する図書として取り扱い、原則として、減価償却は不要です。一方で、図書には様々な形態があることから、以下のような例外的な処理が定められています。

■学習用図書、事務用図書

学習用図書、事務用図書等のように、通常その使用期間が短期間であることが予定される図書は、取得した年度の費用（例：図書費）として取り扱うことができるとされています。

■図書の取得価額

図書の取得価額には、原則として、取得に要する経費を含まないものとされています。

大量購入等による値引額および現金割引額は、取得価額から直接控除する処理のほか、値引額等を「雑収入」に計上し、図書を定価で計上することも可能です。

■雑誌等を製本して使用する場合

費用として処理した雑誌等を合冊製本して、長期間にわたって保存、使用する図書とする場合は、その合冊製本に要した経費をもって、当該図書の取得価額とすることもできます。

■ 図書と類似の役割を有する資料

図書と類似の役割を有するテープ、レコード、フィルム等の諸資料は、利用の態様に従い、図書に準じて会計処理を行うものとされています。

図書に関連する主な参考資料

通知等
「図書の会計処理について（報告）」について（通知）（昭47.11.14　雑管第115号）

日本公認会計士協会の公表物
学校法人委員会研究報告第20号「固定資産に関するＱ＆Ａ」（平21.1.14）

▶ リース取引

学校法人における教育研究用のコンピュータなどのように、近年取引金額が大きくなってきているリース取引について、その経済的実態を計算書類に反映させる必要性から、平成21年4月以降に開始するリース取引について、会計処理の統一が図られました。

「リース取引」とは、特定の物件の所有者である貸手が、当該物件の借手に対し、合意された期間にわたりこれを使用収益する権利を与え、借手は、合意された使用料を貸手に支払う取引のことをいいます。

リース取引は、「ファイナンス・リース取引」と「オペレーティング・リース取引」に区分されます。

注意　契約の名称が「レンタル」や「賃貸」等であっても、リース取引として会計処理を行わなければならないケースもあります。

ファイナンス・リース取引とオペレーティング・リース取引ではその会計処理が異なるため、リース契約を開始する時はどちらに該当するかをまず判定することが必要です。

リース取引に関連する主な参考資料

 通知等
リース取引に関する会計処理について（通知）（平20.9.11　20高私参第2号）

 日本公認会計士協会の公表物
学校法人委員会報告第41号「リース取引に関する会計処理について（通知）」に関する実務指針（平21.1.14）

▶ソフトウェア

時代の流れによりソフトウェアが学校の活動の中で重要となってきたことから、平成21年4月以降に購入などで取得するソフトウェアについて、会計処理の統一が図られました。

「ソフトウェア」とは、コンピュータを機能させるように指令を組み合わせて表現したプログラムや、これに関連する文書をいいます。

■ソフトウェアの会計処理

ソフトウェアのうち、その利用により将来の収入獲得又は支出削減が確実であると認められる場合には、当該ソフトウェアの取得に要した支出に相当する額を資産として計上し（ただし、学校法人の採用する固定資産計上基準額以上の場合に限る。）、それ以外の場合には経費として処理します。

将来の収入獲得又は支出削減が確実であると認められるかどうかは、利用の実態により様々であると考えられますので、判断にあたっては、ソフトウェアを利用している実態を十分に把握して、資産計上の要件を満たしているか否かについて検討する必要があります。

判断の客観性を確保するためには、ソフトウェア購入時の稟議申請時に、予定している会計処理についても記載することが有効です。稟議書には通常購入目的が記載されますが、それに基づく予算が承認された場合、収入獲得・支出削減が期待されることについて一定の合理性があると考えられるためです。

ソフトウェアに関連する主な参考資料

通知等
ソフトウェアに関する会計処理について（通知）（平20.10.9　20高私参第3号）

日本公認会計士協会の公表物
学校法人委員会実務指針第42号「ソフトウェアに関する会計処理について（通知）」に関する実務指針（平26.7.29）

施設設備に関連する主な参考資料

|通知等|

「図書の会計処理について（報告）」について（通知）（昭47.11.14　雑管第115号）

リース取引に関する会計処理について（通知）（平20.9.11　20高私参第2号）

ソフトウェアに関する会計処理について（通知）（平20.10.9　20高私参第3号）

|日本公認会計士協会の公表物|

学校法人委員会研究報告第20号「固定資産に関するQ&A」（平22.6.9改正）

学校法人委員会報告第28号「学校法人の減価償却に関する監査上の取扱い」（平13.5.14改正）

学校法人委員会報告第41号「『リース取引に関する会計処理について（通知)』に関する実務指針」（平21.1.14）

学校法人委員会実務指針第42号「『ソフトウェアに関する会計処理について（通知)』に関する実務指針」（平26.7.29改正）

学校法人委員会実務指針第45号「『学校法人会計基準の一部改正に伴う計算書類の作成について（通知)』に関する実務指針」（平26.1.14）

第4章　施設設備に関連する活動

2. 第1号基本金と第2号基本金

　第1号基本金とは、会計基準の第30条第1項第1号に定められている基本金です。

　＜学校法人会計基準　第30条（基本金への組み入れ）＞
〔第1項　第1号〕学校法人が設立当初に取得した固定資産で教育の用に供されるものの価額又は新たな学校の設置若しくは既設の学校の規模の拡大若しくは教育の充実向上のために取得した固定資産の価額

　第2号基本金とは、会計基準の第30条第1項第2号に定められている基本金です。

　＜学校法人会計基準　第30条（基本金への組み入れ）＞
〔第1項　第2号〕学校法人が新たな学校の設置又は既設の学校の規模の拡大若しくは教育の充実向上のために将来取得する固定資産の取得に充てる金銭その他の資産の額

　取得に充てる金銭その他の資産とは、第1号基本金対象資産の取得のために内部調達された資金等のほか、固定資産を取得するために収受した特別寄付金や施設整備補助金等の金銭又は有価証券が該当します。

　※第2号基本金に対応する第2号基本金引当特定資産については、第5章で説明します。

> ＜第1号基本金と第2号基本金の関係＞
> 第1号基本金　⇒学校法人の永続的維持のために必要不可欠な、現に有する固定資産から計算
> 第2号基本金　⇒将来、第1号基本金の組み入れ対象となる資産の取得原資として計算

（1）固定資産と基本金

　固定資産の取得や除却を行う際には、第1号基本金の組み入れ、取り崩し、あるいは繰延べの処理が必要となります。
　また、重要な設備投資計画がある場合には、その計画に応じた第2号基本金の設定が必要となります。

（2）第1号基本金と第2号基本金の組入対象資産

　基本金は、「学校法人が、その諸活動の計画に基づき必要な資産を継続的に保持する」ことを目的としているため、基本金組み入れの対象となる資産についても、広く教育研究用の固定資産及び教育研究を成り立たせるために必要なその他の固定資産（借地権、施設利用権等の無形固定資産を含み、投資を目的とする資産を除く）も含めて考えるのが適当です。
　したがって、法人本部の施設や教職員の厚生施設等も基本金設定の対象となります。

（3）自己資金以外による資産の取得と第1号基本金

　第1号基本金への組み入れは、自己資金で賄われた固定資産の価額を元に算出することとされています。

〔事例〕 取得した固定資産価額100、うち借入金60
　第1号基本金に組み入れるべき額　　　　→基本金要組入額＝100
　要組入額のうち、自己資金で取得した額　→基本金組入額　＝40
　要組入額のうち、自己資金以外で取得した額→基本金未組入額＝60

|注意| 基本金明細表では、要組入額が「要組入高」、組入額が「組入高」、未組入額が「未組入高」の各欄で表されています。

＜ 学校法人会計基準　第30条（基本金への組入れ）＞
〔第3項〕学校法人が第1項第1号に規定する固定資産を借入金又は未払金により取得した場合において、当該借入金又は未払金に相当する金額については、当該借入金又は未払金の返済又は支払を行った会計年度において、返済又は支払いを行った金額に相当する金額を基本金へ組み入れるものとする。

|注意| 「借入金」には学校債を、「未払金」には支払手形を含みます。

▶リース契約により取得した固定資産
　通常の売買取引に係る方法に準じた会計処理を行う「ファイナンス・リース取引」については、固定資産が資産計上される一方で、リース未払金が負債に計上され、リース料の支払とともにリース未払金が減少することとなります。
　したがって、リース料の返済（利息相当額を除く＝リース未払金の減少額）に応じた基本金の組み入れが必要となります。

（4）基本金の取崩し

＜ 学校法人会計基準　第31条（基本金の取崩し）＞
　基本金については、会計基準第31条の規定に該当する場合には、定められ

た額の範囲内で基本金を取り崩すことができるとされています。

	取崩しが該当する基本金			
第31条第1項の規定	第1号基本金	第2号基本金	第3号基本金	第4号基本金
諸活動の一部又は全部の廃止	○	―	○	○
経営の合理化により有する必要がなくなった、第1号基本金対象の固定資産の価額	○	―	―	―
将来取得する固定資産の取得に充てる必要がなくなった第2号基本金対象の金銭その他の資産	―	○	―	―
その他やむを得ない事由がある場合の基本金組入額*	○	○	○	○

＊学校法人の自己都合による資産の処分ではなく、外的要因によるもの（例：地方公共団体等による土地収用など）

▶第1号基本金の取崩しと取替更新

　固定資産を除却した場合には、「諸活動の一部又は全部を廃止した場合」に該当するため、第1号基本金の取り崩しの検討が必要となります。

　一方で、特定の固定資産を老朽化等により除却するものの、それに変わる同一種類の新たな資産を取得するような場合（「取替更新」という）には、基本金を維持することとなります。

　ただし、技術の革新等により資産価額が低下し、「旧資産の価額＞新資産の価額」となるような場合には、その差額を取り崩します。

■取替更新が年度をまたぐ場合

　会計年度をまたいで固定資産の除却と再取得が行われる場合には、第1号基本金の「繰延」が必要となります。

> 注意　「基本金の繰延」は、基本金要組入額の計算の中で、維持する分を繰り延べる形で行われます。

〔事例〕　固定資産100のうち、20を除却
　ただし、翌年度に20再取得の予定がある場合
　　基本金要組入額＝100－20（除却分）＋20（再取得予定分）＝100
　　基本金組入額　　＝100のまま（過去に100組み入れ済）

（5）第2号基本金の設定趣旨

　学校法人は、自主的にその財政基盤の強化を図り、学生等の経済的負担の適正化を図るとともに、教育水準の向上に努める責務があることから、持続的に事業活動収支の均衡を図ることが必要となります。

　将来高額な固定資産を取得しようとする場合には、第2号基本金を段階的に組み入れることにより、事業活動収支の平準化を図ることができます。

　この目的を達成するために、将来高額な固定資産を取得する事業計画がある場合には、取得年度に基本金の組み入れが集中することがないよう、早めに基本金組入計画を策定し、取得年度に先行して段階的に基本金組み入れを行うことが重要です。

> 注意　第2号基本金は、事前に理事会等で承認された組入計画に従って組み入れる必要があり、各年度の事業活動収支差額のいかんによって組入額を調整することは認められません。

▶第2号基本金と基本金未組入の共通点

【将来の高額の固定資産の取得を、自己資金で賄う予定の場合】
　⇒　資金が十分にある場合
　　　↓

　その資金を段階的に第2号基本金として組み入れることで、事業活動収支計算書の当年度収支差額が平準化される効果がある。

【将来の高額の固定資産の取得に際し、借入金を予定している場合】
　⇒　資金が十分にない場合
　　　↓

　借入金の返済額に応じて段階的に第1号基本金が組み入れられるため、結果として事業活動収支計算書の当年度収支差額が平準化される効果がある。

〔事例1〕　X3年度に、1,800の建物が完成。すべて自己資金による取得。第2号基本金の組入計画なし。

【事/計】	X1年度	X2年度	X3年度
基本金組入前 当年度収支差額	1,000	1,000	1,000
基本金組入額合計	0	0	△1,800
当年度収支差額	1,000	1,000	△800
前年度繰越収支差額	20,000	21,000	22,000
基本金取崩額	0	0	0
翌年度繰越収支差額	21,000	22,000	21,200

→収支均衡が図れない

第4章　施設設備に関連する活動

〔事例2〕　X3年度に、1,800の建物が完成。すべて自己資金による取得。第2号基本金をX1-X2年度で1,200組み入れ。

【事/計】	X1年度	X2年度	X3年度
基本金組入前 当年度収支差額	1,000	1,000	1,000
基本金組入額合計	△600	△600	△600
当年度収支差額	400	400	400 →収支均衡が図れる
前年度繰越収支差額	20,000	20,400	20,800
基本金取崩額	0	0	0
翌年度繰越収支差額	20,400	20,800	21,200

〔事例3〕　X3年度に、1,800の建物が完成。うち、1,200は借入金。借入金は2年で返済予定。

【事/計】	X1年度	X2年度	X3年度	X4年度	X5年度
基本金組入前 当年度収支差額	1,000	1,000	1,000	1,000	1,000
基本金組入額合計	0	0	△600	△600	△600
当年度収支差額	1,000	1,000	400	400	400 ＊
前年度繰越収支差額	20,000	21,000	22,000	22,400	22,800
基本金取崩額	0	0	0	0	0
翌年度繰越収支差額	21,000	22,000	22,400	22,800	23,200

＊〔事例2〕と同様にアミ掛けの欄は収支均衡が図れる

3. 複数部門を有する学校法人の「固定資産」と「基本金」

　部門別会計についての詳細は第6章で取り上げますが、部門の所属に関しては、以下のそれぞれの局面において特徴や問題点などがあります。

（1）資金収支内訳表に計上される固定資産の支出額

　固定資産の支出額は複数部門の使用であっても、計算書類上では各部門に配分された結果が計上されます。配分は金額ベースで行われるのであって、個数等ではありません。

（2）固定資産台帳への登録方法

　複数部門で使用する資産については、例えば「中高共通部門」等の共通部門を設定し、登録した方が実態に即しており、実物管理の結果も反映させやすいと考えられます。

（3）基本金計算

　会計上の各部門計上額を基準として計算するのか、便宜上固定資産台帳と整合するように計算して最後に配分するのか、最終的な部門別の基本金額（組入れ又は取崩し）の計算方法としては複数考えられます。

（4）複数部門で使用する固定資産に関するルールの一例

台帳登録	共通部門で管理
資産計上額	取得年度における配分基準によって資産計上
減価償却計算	会計年度ごとにおける配分基準によって減価償却計算
基本金計算	上記の資産計上額に基づき計算

基本金（第1号～第4号）に関連する主な参考資料

通知等

「基本金設定の対象となる資産及び基本金の組み入れについて（報告）」について（通知）（昭49.2.14　文管振第62号）
基本金明細表（第4号基本金関係）等の記載例（昭62　文部省）
学校法人会計基準に基づく基本金組み入れについて（平8.2.6　8高法第1号）
学校法人会計基準の一部改正について（通知）（平25.4.22　25文科高第90号）
学校法人会計基準の一部改正に伴う計算書類の作成について（通知）（平25.9.2　25高私参第8号）
「恒常的に保持すべき資金の額について」の改正について（通知）（平25.9.2　25高私参第9号）

日本公認会計士協会の公表物

学校法人委員会報告第32号「基本金に関する会計処理及び監査上の取扱いについて（その1）」（平9.3.25改正）
学校法人委員会研究報告第15号「基本金に係る実務上の取扱いに関するQ&A」（平26.12.2改正）
学校法人委員会実務指針第45号「『学校法人会計基準の一部改正に伴う計算書類の作成について（通知）』に関する実務指針」（平26.1.14）

第5章

資産運用と資金調達に関連する活動

　この章では、学校法人における「資産運用に関連する活動」として現金や預金、有価証券、貸付金を、「資金調達に関連する活動」として借入金と学校債を取り扱います。また、学校外会計である周辺会計についてもご説明します。

1. 資産運用に関連する活動

　学校法人の資産の運用は、各学校法人の責任において決定されるものですが、学校の教育研究活動を安定的、かつ継続的に行なうための大切な資産であるため、その運用は性質上元本が保証されるなどの「安全性」、必要なときに使えるかといった「流動性」が重視されます。

　学校法人における金融資産の種類は、貸借対照表の計上科目と必ずしも一致しません。下記の表は、種類と科目の関係を図にしたものです。

　なお今回の改正では、貸借対照表の「固定資産」の中に、新たな中科目「特定資産」が設定されました。特定資産とは、「使途が特定された預金等」をいいます。

<学校法人における貸借対照表科目と金融資産の種類の関係図>

種類↓ \ B/S科目→		流動資産		固定資産				
		現金預金	有価証券（短期）	その他の固定資産	特定資産			
				有価証券（長期）	第2号引当特資	第3号引当特資	例1 減価償却引当特資	例2 退職給与引当特資
現金預金	現　金		■	■	■	■	■	■
	当座預金		■	■				
	普通預金		■	■				
	定期預金		■	■				
有価証券	債　券	■						
	株　式	■						
	投資信託	■						
	貸付信託	■						

注：網掛け部分は、基本的にその組合せが想定されていません。

（1）現金・預金

▶現金・預金の管理

　学校法人では多額の現預金を有することが多いので、リスクが高いとされる現預金の出納業務は、一人の担当者に任せることなく、複数の担当者で業務を分担する必要があります。

　特に現金での取引は「そのもの」がなくなる可能性が高いので、極力現金ではなく預金による取引が望ましいとされます。

　現金残高と帳簿残高は、常に一致していることを確認します。担当者だけでなく、上席者による再度の実査と確認の証跡（押印等）を残すことが、有効な内部統制となります。

　預金残高と帳簿残高は、毎月末に通帳残高と帳簿残高を照合し、年度末には銀行の残高証明書を入手します。担当者だけでなく、上席者による確認とその証跡（押印等）を残すことが、有効な内部統制となります。

（2）有価証券

ここでの有価証券は、金融資産の種類としての有価証券を意味しますので、貸借対照表上での科目としての有価証券だけでなく、引当特定資産として運用される有価証券を含みます。

▶ 有価証券の運用と管理

「学校法人における資産運用について（通知）（平21.1.6　20高私参第7号）」では、「公教育を担う学校法人の資産運用については、その安全性の確保に十分留意し、必要な規程等の整備を行い、学校法人としての責任ある意思決定を行うとともに、執行管理についても規程等に基づいて適正に行うなど、統制環境の確立に努める必要がある」とされています。

学校法人の方針に従って資産運用が行われるようにするため、有価証券運用規程等を定める必要があります。

規程には、「資産運用の基本方針」「理事会、理事長、担当理事、実務担当者など資産運用関係者の権限と責任」「具体的な意思決定の手続」「理事会等による運営状況のモニタリングなどの執行管理の手続」などを具体的に定めておきます。

また、時価のある有価証券については、毎月末に証券会社から時価を入手するなどして時価の推移を把握し、適時に理事会等へ報告する体制が必要です。

▶ 有価証券の評価

改正ポイント…【有価証券の評価換え】

これまで有価証券の時価が取得価額に比べて著しく低くなった場合の具体的な取扱いが明確でなかったため、具体的な処理の基準が示されました。

> <基準第27条>
> 　有価証券については、取得価額と比較してその時価が著しく低くなった場合には、その回復が可能と認められるときを除き、時価によって評価するものとする。

【有価証券の判断基準】

種　類	時　価	具体的な判断基準
市場価格のある有価証券	市場価額	【時価の下落率が30％以上50％未満】著しく低くなったと判断するための合理的な基準[*1]を設けて判断する。
市場価格のない有価証券のうち、債券等	有価証券を取引した金融機関等において合理的に算定した価額	【時価の下落率が50％以上】特に合理的と認められる理由[*2]が示されない限り、時価が取得価額まで回復可能とは認めない。
市場価格のない有価証券のうち、株式	株式発行会社の実質価額	【実質価額の下落率が50％以上】十分な証拠[*3]によって裏付けられない限り、回復可能とは認めない

　有価証券の評価減が必要となるのは、①取得価額に比して時価が著しく低くなった場合で、かつ②回復が可能と認められない場合となります。

① 「時価が著しく低くなった」とは
　時価が取得価額に比べて50％以上下落している場合には「著しく低くなった」と判断すべきですが、30％以上50％未満の下落率の場合には、「著しく低くなったかどうか」を判断する必要があります。従って、判断に際しては恣意性を排除するため各学校法人で「**合理的な基準**[*1]」を文書で設け、毎期継続的に適用する必要があります。
　指標としては、株式であれば株価の推移、株式発行会社の財政状態や経営

成績の推移で、債券であれば格付け機関による格付、債券発行体の財政状態や経営成績の推移などが挙げられます。

② 「回復可能性」とは
(＊2) 特に合理的と認められる理由とは
　例えば、会計年度末において時価が50％以上下落していたが、計算書類の理事会承認日までの間に時価が取得価額まで回復している場合のように、回復の事実が明らかなケースなど、かなり限定して解釈します。
　通常は時価が50％以上下落している場合には、よほどの理由がない限り、回復する見込みがあるとは認められないものと考えられます。

(＊3) 十分な証拠とは
　市場価格のない株式について、株式発行会社の事業計画等によりその回復が合理的に裏付けられる場合には、十分な証拠とすることもできます。
　しかし事業計画自体についてその実行可能性や合理性、実績との比較が毎期必要となりますので、回復可能性についての判断は非常に難しいと思われます。

■ 外貨建て有価証券の評価換え
　外貨建て有価証券の場合、取得価額と時価との比較は外貨ベースで行い、貸借対照表計上額は決算時の為替相場により円換算した額となります。

▶ 計算書類の表示
■ 有価証券評価差額の表示
　有価証券の評価換えによる損失は、時価の著しい下落という特殊な要因によって一時的に発生した臨時的な資産価額の強制的引下げであり、資産処分差額に準ずるものと考えられるため、事業活動収支計算書上の「特別収支」における「資産処分差額（大科目）－有価証券評価差額（小科目）」に表示

されます。

　引当特定資産に含まれる有価証券について評価差額が生じた場合には、一般の有価証券の評価差額とは区分して表示します。

▶時価情報の注記の充実

改正ポイント…【時価情報の注記の充実】

> 現行：保有目的別の注記
> 　　↓
> 改正：保有目的別の注記＋種類別の注記

　学校法人の資産運用は売買により利益を出すことが目的ではなく、多くは満期まで保有し、利息収入を得ることを目的としているため、時価会計は導入せず、取得原価主義を継続しながら時価についての注記情報の充実を図ることで資産の状況を明らかにしてきました。

　改正基準においても取得原価主義は継続となりましたが、金融商品が多様化してきていることもあり、時価情報については、従来通りその保有目的別に注記するとともに、種類別（債券、株式、投資信託、貸付信託、その他）の注記が必要となりました。

（3）引当特定資産

　引当特定資産は金融資産の種類ではなく、貸借対照表上の科目であり、主に定期預金や有価証券などが含まれます。

　引当特定資産には「基本金に係る引当特定資産」と「それ以外の引当特定資産」があり、基本金に係る引当特定資産以外については、学校法人が必要に応じてその科目名を決めることになります。

▶ 基本金に係る引当特定資産

　第2号基本金引当特定資産は、第2号基本金に相当する資金であり、「学校法人が新たな学校の設置又は既設の学校の規模の拡大もしくは教育の充実向上のために将来取得する固定資産の取得に充てる金銭その他の資産」を表します。

　第3号基本金引当特定資産は、第3号基本金に相当する正味財産であり、「基金として継続的に保持し、かつ、運用する金銭その他の資産」を表します。

　第2号基本金と第3号基本金は、第1号基本金と第4号基本金とは異なり、どちらも「金銭その他の資産の額」であることから、対となる特定資産も貸借対照表に明示する必要があります。

> 注意　「第2号基本金引当特定資産」と「第3号基本金引当特定資産」は、会計基準の第七号様式にも記載されているように、その科目の変更や集約表示は予定されていません。

■ 第2号基本金と引当特定資産

　第2号基本金は、「学校法人が新たな学校の設置又は既設の学校の規模の拡大もしくは教育の充実向上のために将来取得する固定資産の取得に充てる金銭その他の資産の額」で、第2号基本金の組入れは、固定資産の取得計画に従って行います。

つまり第2号基本金引当特定資産は、「計画的に組み入れられる第2号基本金に相応する資産留保」を意味します。

＜第2号基本金の組入計画＞
　基本金明細表の付表として、様式第一の二「第2号基本金の組入れに係る計画表」の作成が必要とされ、計画が複数の場合は、様式第一の一「第2号基本金の組入れに係る計画集計表」の作成も必要となります。

　多額の固定資産を取得した時に一度に第1号基本金を組み入れると、当該年度における収支均衡が著しく崩れてしまいます。第2号基本金は、先行組入という形で、将来取得する固定資産のため事前に計画的かつ段階的に組み入れようとするものです（組入れの平準化）。
　しかし、恣意的な収支差額の操作を防止するため、年度毎の組入予定額を明記した計画表が必要となっています。

■第3号基本金と引当特定資産
　第3号基本金は、「基金として継続的に保持し、かつ、運用する金銭その他の資産の額」で、第3号基本金の組み入れは、基金の設定計画に従って行います。

＜第3号基本金の組入計画＞
　基本金明細表の付表として、様式第二の二又は様式第二の三「第3号基本金の組入れに係る計画表」の作成が必要とされ、計画が複数の場合は、様式第二の一「第3号基本金の組入れに係る計画集計表」の作成も必要となります。

■第2号基本金・第3号基本金の共通事項
　基本金の組入計画（固定資産の取得計画や基金の設定計画）は、正規の決

議機関(理事会等)での決議が必要です。

▶ 計算書類の表示

表示の対応関係(太字は大科目、網掛け部分は活動区分)

〈増加の場合〉

【資/計】

資産運用支出

有価証券購入支出	A
第2号基本金引当特定資産繰入支出	B
第3号基本金引当特定資産繰入支出	C
例:減価償却引当特定資産繰入支出	D
例:退職給与引当特定資産繰入支出	E

↓

【活/資】

施設整備等活動による資金収支

第2号基本金引当特定資産繰入支出	B
例:減価償却引当特定資産繰入支出	D

その他の活動による資金収支

有価証券購入支出	A
第3号基本金引当特定資産繰入支出	C
例:退職給与引当特定資産繰入支出	E

〈減少の場合〉

【資/計】

資産売却収入

| 有価証券売却収入 | F |

その他の収入

第2号基本金引当特定資産取崩収入	G
第3号基本金引当特定資産取崩収入	H
例：減価償却引当特定資産取崩収入	I
例：退職給与引当特定資産取崩収入	J

↓

【活/資】

施設整備等活動による資金収支	
第2号基本金引当特定資産取崩収入	G
例：減価償却引当特定資産取崩収入	I
その他の活動による資金収支	
有価証券売却収入	F
第3号基本金引当特定資産取崩収入	H
例：退職給与引当特定資産取崩収入	J

（4）その他の資産

▶ 貸付金の管理

　学生や教職員に対する貸付金制度を設けている学校法人もありますが、近年の経済環境の悪化により、回収が遅延もしくは不能となるケースも増えてきています。貸付金については、貸与する際に「貸付金規程」等に従って承認・実行され、返済期限を過ぎた場合には貸与者に対して適時に督促を行う必要があります。

　「回収努力」である督促の履歴は適切に管理し、回収不能のおそれがある

と認識した段階で徴収不能引当金の設定を検討します。

　貸付が実行された場合は、金銭消費貸借契約書を交わし、貸付先ごとに貸付金台帳を作成して管理します。

（5）徴収不能引当金と徴収不能額

■徴収不能引当金

　貸付金や未収入金などの債権については、その回収可能性を検討し、徴収不能のおそれがある場合は、徴収不能引当金を設定します。

　徴収不能の引当てを行なった金銭債権の貸借対照表上での表示については、徴収不能引当金の額を差し引いた残額で示すことになります。

　なお、知事所轄法人（高等学校を設置するものを除く）においては、徴収不能引当金は計上しないことができるとされていますが、多額の徴収不能が生じた場合には、徴収不能引当金の計上が望ましいと考えられます。

【徴収不能引当金の計上基準】

　各債権について個別に回収可能性を判断し、その合計額を計上する方法と、過去の徴収不能額の発生実績に応じた一定率を算出して計算する方法などがあります。計上基準は複数使用することもできます。

　この計上基準は、貸借対照表の注記事項「1．重要な会計方針」として注記が必要です。

〈注記例〉
- ▶金銭債権の徴収不能に備えるため、徴収不能の実績率等によって、徴収不能見込額を計上している。
- ▶金銭債権の徴収不能に備えるため、個別に見積もった徴収不能見込額を計上している。

〈幼稚園法人などで引当金を設定していない場合の注記例〉
- ▶学校法人会計基準第38条により、徴収不能引当金は計上していない。

【徴収不能引当金の合計額】

　貸借対照表の注記事項「4．徴収不能引当金の合計額」として金額を注記する必要があります。幼稚園法人などで引当金を設定していない場合でも、0円として注記します。

▶ 徴収不能額

　金銭債権が徴収不能となった場合で、徴収不能引当金を設けていないケースまたはその額が徴収不能引当金の残高を超えているケースでは、徴収不能額を計上します。ただし、会計上で徴収不能額とした債権でも、法律上の手続を経なければ債権債務の関係は消滅しません。

　徴収不能額は、債権回収の努力をした後に計上されるものであって、計上する際には学校法人内で適切な承認手続（理事会決議等）を経る必要があります。また、前期以前に徴収不能処理した債権が回収された場合には、雑収入に計上します。

資産運用に関連する主な参考資料

通知等
学校法人における資産運用について（通知）（平21.1.6　20高私参第7号）

日本公認会計士協会の公表物
学校法人会計問答集（Q&A）第5号「資金運用取引に関する会計処理等について」（平19.1.15改正）
学校法人会計問答集（Q&A）第9号「特定金銭信託の会計処理及び表示について」（昭62.5.19）
学校法人委員会研究報告第29号「有価証券の会計処理等に関するQ&A」（平26.7.29改正）
学校法人委員会実務指針第45号「『学校法人会計基準の一部改正に伴う計算書類の作成について（通知）』に関する実務指針」（平26.1.14）

2. 資金調達に関連する活動

　学校法人は、設置する私立学校に必要な施設及び設備又はこれらに要する資金並びに設置する私立学校の経営に必要な財産を有しなければならない（私学法第25条第1項）と規定されていることからも、学校法人の基本財産は自己所有（又は自己資金）であることが原則です。
　これは学校法人の特性から財政的な基盤の確保により、安定かつ継続した経営が求められるためです。
　しかし、現に存在する学校法人の経営に際しては、外部からの資金調達が必要な局面も存在します。
　一般的な「資金調達」の方法としては、借入れによる調達、株式による調達、債券発行による調達などが挙げられますが、学校法人はそもそも株式会社ではありませんので、「借入れによる調達」か「学校債発行による調達」に限られます。
　実状としては、学校法人の資金調達は主として借入金であり、そのうち専用融資機関である日本私立学校振興・共済事業団からの借入れが最も多くなっています。

（1）借　入　金

　金融機関等などの外部から調達する借入金については、学校法人の重要な決議事項として、あらかじめ評議員会の意見も聞かなければなりません。
　ただし、年度内で借入れと返済がなされる場合（運転資金の一時的な借入れ）や、公益財団法人東京都私学財団の「私立高等学校等入学支度金」の貸付事業を入学生の父兄が利用することによって学校会計に計上される借入金などについては、理事会決議を要さないとすることもできます。

|注意| 資金の借入れに際して手形を振り出した場合は、手形債務ではなく「借入金」として処理します。

(2) 学 校 債

　学校債（学園債）について、法律上の定義はありませんが、「施設設備事業や奨学事業を目的として保護者や卒業生などの学校関係者や広く社会一般から募集した借入金（民法上の消費貸借契約）」と考えます。
　一般的には、学生生徒の入学時に無利息で預り、一定額を資産運用の原資として利用した後、卒業時に返還するとしているケースが多いようです。

▶ 学校債の発行と注意点

　募集に際しては、必ず理事会等の意思決定機関の承認を受け、募集要項等に募集目的及び使途・募集対象・目標額・金利・募集期間・償還期限・債券交付等の必要な事項を記載して募集対象者に周知します。
　学校債券には、償還期限・利率・償還方法及び償還時に受領がない場合の事項制限などを記載します。
　学校債の申込みや払込みは、所定の様式により申込人から直接学校法人になされなければなりません。発行後は、学校債発行簿（管理簿）を備える必要があります。

(3) 会 計 処 理

　借入金と学校債は外部からの資金調達という点で共通しており、会計科目は一部で異なりますが会計処理の方法はほとんど共通しています。
　借入金の収入と返済は資金収支計算書において総額で表示しますが、返済期限が1年未満となった借入金について長期借入金から短期借入金へ振り替える処理は、資金は動かないため資金収支計算書を通しません。

	【活/資】・【事/計】での区分と科目
借入時	【活/資】借入区分を問わずにまとめて計上 その他の活動による資金収支 科目…借入金等収入
返済時	【活/資】借入区分を問わずにまとめて計上 その他の活動による資金収支 科目…借入金等返済支出
利息支払時	【活/資】借入区分を問わずにまとめて計上 その他の活動による資金収支 科目…借入金等利息支出
	【事/計】借入区分別に計上 教育活動外収支 大科目…借入金等利息 　　－借入金利息 　　－学校債利息

（4）他人資金による施設設備の取得

　第1号基本金の組入対象資産となる施設設備等を、借入金や学校債によって取得した場合には、当該借入金額は基本金の計算において「未組入額」になります。

　詳細については、第4章を参照してください。

資金調達に関連する主な参考資料
通知等
学校債について（昭29.10.13　文部省）
学校債の発行について（通知）（平13.6.8　13高私行第4号）

3. 周辺会計

　学校法人には、PTA、同窓会、後援会など様々な関係団体があり、それぞれの活動に関する会計があります。これらは学校法人会計（＝本会計）ではなく、「周辺会計（学校外会計）」です。

　後援会などの各団体は、それぞれに規約や役員組織、会計、総会などがあり独自に運営されるものですが、大学の同窓会・校友会など組織規模の大きい場合を除いて、その多くは事務局等も存在せず、存在していても常勤職員がいないため、団体の経理や資金管理を学校法人の事務局や事務室に委任しているケースがあります。

　また、生徒会や部活動は、その活動自体は学校内で行われていても、団体の会計は学校法人会計とは区別された周辺会計と言えます。

　学校法人の付随事業である補助活動事業の経理を、課税上又は管理上等の理由により特別会計として区分しているもの（私学法第26条に定める収益事業に該当しないもの）は、「別会計」であって最終的には本会計の決算に含まれます。

　学校法人の事務代行の内容について、各団体の会費徴収や団体経費の支払いが考えられますが、団体専用の預金口座がない場合には本会計上、「預り金」や「立替金」などで処理します。

　団体専用の預金口座がある場合には、その中で収支の管理を行うので本会計の収支計算書や貸借対照表には含まれません。

　会計処理だけでなく、預金通帳や印鑑の保管まで代行している場合には、資金の管理や使途が不明瞭にならないように、学校法人が適正に管理し記帳や決算報告を行う必要があります。

|注意| 周辺会計から学校法人の教員に対して何らかのお礼（補助授業や部活動顧問など）があった場合も、源泉徴収が必要ですので注意が必要です。

　周辺会計における不正は、例え学校法人が事務代行していなくても、その事実が社会に公表されることになれば、学校法人への風評被害といった運営上のリスクになり得ます。
　学校法人においては、周辺会計として認識すべき活動を十分に把握し、担当者以外の第三者による定期的なチェック体制を構築することが重要です（事務代行の有無を問わない）。

第6章

学校法人会計基準とその他のルール

　この章では、第5章までで触れなかった学校法人会計基準の内容や計算書類の注記、部門別会計について説明します。

1. 学校法人会計の一般原則

　学校法人会計基準は、会計処理や計算書類の作成に際しての基本的な原則として、一般原則を定めています。

　＜学校法人会計基準　第2条（会計の原則）＞
- 真実性の原則　…財政及び経営の状況について真実な内容を表示すること。
- 複式簿記の原則…すべての取引について、複式簿記の原則によって、正確な会計帳簿を作成すること。
- 明瞭性の原則　…財政及び経営の状況を正確に判断することができるように必要な会計事実を明瞭に表示すること。
- 継続性の原則　…採用する会計処理の原則及び手続並びに計算書類の表示方法については、毎会計年度継続して適用し、みだりにこれを変更しないこと。

また、学校法人会計基準に定めのない部分については、以下の通りです。
＜学校法人会計基準　第1条（学校法人会計の基準）＞
〔第2項〕学校法人は、この省令に定めのない事項については、一般に公正妥当と認められる学校法人会計の原則に従い、会計処理を行い、計算書類を作成しなければならない。
　↓
学校法人財務基準調査研究会の報告や、日本公認会計士協会の学校法人委員会の委員会報告書や実務指針などが該当します。

収益事業会計については、以下の通りです。
＜学校法人会計基準　第3条（収益事業会計）＞
〔第1項〕私立学校法第26条第1項に規定する事業に関する会計（収益事業会計）に係る会計処理及び計算書類の作成は、一般に公正妥当と認められる企業会計の原則に従って行わなければならない。

参考　一般原則の比較

学校法人会計基準	企業会計原則
真実性の原則	真実性の原則
複式簿記の原則	正規の簿記の原則
	資本取引・損益取引区分の原則
明瞭性の原則	明瞭性の原則
継続性の原則	継続性の原則
	保守主義の原則
	単一性の原則

2. 都道府県知事所轄学校法人の特例

　知事所轄の学校法人は大学法人などに比べると規模が小さい場合が多いため、作成する計算書類の一部省略や、一部の会計処理の簡便化が認められています。

簡略化できる内容	高校の設置 なし	高校の設置 あり
① 活動区分資金収支計算書の作成を省略できる	○	○
② 基本金明細表の作成を省略できる	○	—
③ 徴収不能引当金を設定しないことができる	○	—
④ 第4号基本金を組み入れないことができる	○	—
⑤ その他の会計処理等の簡略化	＊	＊

＊①〜④までは、会計基準に明記された特例
＊⑤については、各所轄庁からの通知による

3. 学校法人会計基準とその他のルール、参考資料

　学校法人会計基準（収益事業会計については企業会計の原則）の他にも、学校法人の会計処理については、以下のルールに従うことが求められています。
- 文部科学省の各種通知
- 都道府県知事の告示や通知（ただし、知事所轄学校法人に限る）
- 各学校法人で定めた規程など

また、会計処理の参考として、以下のものが挙げられます。
- 日本私立学校振興・共済事業団が発行する
　「学校法人の経営に関する実務問答集」
- 日本私立学校振興・共済事業団のWebページ「学校法人会計Q&A」
　http://www.shigaku.go.jp/s_center_qa.htm
- 日本公認会計士協会の公表物である「委員会報告書」や「実務指針」等

4. 計算書類の注記

　注記は情報公開の目的から求められているものであり、不足があってはなりません。また「注記事項に該当するかどうか」については、学校法人の判断に委ねられているものもあることから、判断の基準を事前に明確にしておくとともに、会計年度を通じて注記が必要な事項がないか意識することが大切です。
　注記の漏れを防ぐためには、各注記事項についての情報がどの担当者又は部署から提供されるものかを把握しておき、必要に応じて所定の様式を作るなど、決算が効率的に進むよう工夫が必要です。

(1) 貸借対照表の注記事項

下記の項目自体は省略不可
1. 重要な会計方針
    (1) 引当金の計上基準
        徴収不能引当金
        退職給与引当金

(2)　その他の重要な会計方針
2．重要な会計方針の変更等
3．減価償却額の累計額の合計額
4．徴収不能引当金の合計額
5．担保に供されている資産の種類及び額
6．翌会計年度以後の会計年度において基本金への組入れを行うこととなる金額
7．当該会計年度の末日において第4号基本金に相当する資金を有していない場合のその旨と対策
8．その他財政及び経営の状況を正確に判断するために必要な事項

▶改正によって新たに必要となった貸借対照表注記
■「7．当該会計年度の末日において第4号基本金に相当する資金を有していない場合のその旨と対策」

＜記載例＞

例文①（資金がある場合）

第4号基本金に相当する資金を有しており、該当しない。

例文②（資金がない場合）

第4号基本金に相当する資金を以下のとおり有していない。
　　第4号基本金　×××円
　　　　資金
　　　　現金預金　　　　　　×××円
　　　　有価証券（※1）　　　×××円
　　　　〇〇特定資産（※2）　×××円
　　　　　　計　　　　　　　×××円
　　　※1　有価証券は現金預金に類する金融商品である。
　　　※2　〇〇特定資産は第4号基本金に対応した特定資産である。

現在、主要な債権者である○○等と協議の上、平成XX年度から平成XX年度までの経営改善計画を作成し、○○等の経営改善に向けた活動を行っている。

例文③（第4号基本金がない場合）
学校法人会計基準第39条の規定により、第4号基本金を組み入れていない。

■「8．その他財政及び経営の状況を正確に判断するために必要な事項」の追加

〔その1〕

「有価証券の時価情報」に係る注記については、満期保有目的か否かによる区分で時価情報を記載したもの（①総括表）に加え、有価証券の種類別に時価情報を記載したもの（②明細表）が必要となりました。

従来から種類別でも記載していた学校法人では影響はありませんが、今まで満期保有目的か否かによる区分のみの時価情報を注記していた学校法人では、注記する内容が増えることになります。

＜記載例＞
② 明細表

(単位：円)

種　類	当年度(平成XX年3月31日)		
	貸借対照表計上額	時　価	差　額
債　券	×××	×××	(△) ×××
株　式	×××	×××	(△) ×××
投資信託	×××	×××	(△) ×××
貸付信託	×××	×××	(△) ×××
その他	×××	×××	(△) ×××
合　計	×××	×××	×××
時価のない有価証券	×××		
有価証券合計	×××		

＊債券、株式、投資信託、貸付信託の4種類については、該当する種類がない場合も省略できません。

第6章 学校法人会計基準とその他のルール

〔その2〕
今回の改正で「学校法人間の財務取引」に係る注記が必要となりました。

> 【注記対象となるケース】
> 財政的な支援取引である学校法人間での貸付けや借入れ、寄付金(現物寄付を含む。)、人件費等の負担及び債務保証その他これらに類する取引(固定資産等の売買及び賃貸借、学校債の発行及び引受け、担保提供及び受入れなど)が、当該年度中にあるかもしくは期末に残高がある場合

|注意| 取引の範囲は一律に定めることが難しいため、重要性があると認められる場合には、原則として有償・無償を問わず、すべての取引が対象となります(明らかに財政的支援取引でないものを除く)。

|注意| 無償もしくは取引金額が時価に比して著しく低い場合でも、重要性については通常の取引の場合の金額によって判断しなければなりません。

<記載例>
(X) 学校法人間の財務取引
　　学校法人間の取引の内容は、次の通りである。

(単位:円)

学校法人名	住所	取引の内容	取引金額	勘定科目	期末残高	関連当事者
A学園	東京都○区	資金の貸付	×××	貸付金	×××	
B学園	大阪府●市	債務保証	×××	—	×××	

* 1　学校法人間取引と関連当事者取引のどちらにも該当する場合には、両方に注記する必要があるため、「関連当事者」の欄に○を記入します。
* 2　担保提供もしくは受入れの場合には、「取引の内容」欄に「その旨、担保資産の種類及び金額(担保提供を受けている場合には債務の額)」を記載します。

▶改正基準の適用年度における注記

改正基準の適用がなされた年度（大学法人：平成27年度末、その他：平成28年度末）においては、下記の注記が必要となります。

> 「2．重要な会計方針の変更等」
> 　学校法人会計基準の一部を改正する省令（平成25年4月22日文部科学省令第15号）に基づき、計算書類の様式を変更した。なお貸借対照表（固定資産明細表を含む）について前年度末の金額は改正後の様式に基づき、区分及び科目を組み替えて表示している。

（2）活動区分資金収支計算書の注記事項

活動区分ごとの調整勘定等については、その加減の計算過程を活動区分資金収支計算書の末尾に注記する必要があります。

＜記載例＞

活動区分ごとの調整勘定等の計算過程は、以下の通り。

（単位：円）

項　目	資金収支計算書計上額	教育活動による資金収支	施設整備等活動による資金収支	その他の活動による資金収支
前受金収入	×××	×××	×××	×××
前期末未収入金収入	×××	×××	×××	×××
期末未収入金	△×××	△×××	△×××	△×××
前期末前受金	△×××	△×××	△×××	△×××
（何）	(△)×××	(△)×××	(△)×××	(△)×××
収入計	(△)×××	(△)×××	(△)×××	(△)×××
前期末未払金支払支出	×××	×××	×××	×××
前払金支払支出	×××	×××	×××	×××
期末未払金	△×××	△×××	△×××	△×××

前期末前払金	△×× ×	△×× ×	△×× ×	△×× ×
(何)	(△) ×××	(△) ×××	(△) ×××	(△) ×××
支出計	(△) ×××	(△) ×××	(△) ×××	(△) ×××
収入計－支出計	(△) ×××	(△) ×××	(△) ×××	(△) ×××

＊1 該当する項目に金額がない場合は0を記入します(省略はできません)。
＊2 (何)に該当するものの例「手形債権及び債務に関連する収支」

5. 部門別会計

1つの学校法人の中に、大学・高等学校・中学校・小学校・幼稚園といった各学校がいくつもある場合や、大学の中に複数の学部がある場合には、それぞれを「部門」という単位で分けて各部門別の活動状況を把握することが、補助金算定の基礎として、また外部への説明資料として必要となります。

会計基準で求められる部門別の計算書類は、以下の3つです。
① 資金収支内訳表
② 人件費支出内訳表
③ 事業活動収支内訳表

(1)「資金収支内訳表」と「事業活動収支内訳表」

資金収支内訳表(人件費支出内訳表を含む。)における部門の記載方法は、学校法人以外に、大学は学部別に、短期大学は学科別に、高等学校は課程別に区分する必要があります(学校別の「計」欄も必要)。

それに対して、事業活動収支内訳表では細かな区分による記載は必要なく、学校の種類別に合計額を1部門として表示します。

〈資金収支内訳表(人件費支出内訳表)の部門記載例〉

学校法人	○○大学			△△短期大学			××高等学校			●●幼稚園	総額
	A学部	B学部	計	C学科	D学科	計	全日制	定時制	計		
10	20	30	50	15	25	40	30	5	35	15	150

〈事業活動収支内訳表の部門記載例〉

学校法人	○○大学	△△短期大学	××高等学校	●●幼稚園	総額
10	50	40	35	15	150

参考

部門区分	
学校法人	
各学校	学校の種類と細区分
	専門職大学院大学 ※大学とは別の学校として区分される。 ※大学の学部内における専門職大学院とは別。
	大学　…………学部別 ▶学部の専攻に対応する大学院の研究科・専攻科・別科は、各学部に含む。 ▶学部の専攻に対応しない大学院の研究科は学部とみなす。 ▶学部内における専門職大学院は、学部とみなす。 ▶通信教育部、夜間部は学部とみなす。
	短期大学　………学科別 ▶学科の専攻に対応する専攻科・別科は、各学科に含む。 ▶通信教育部、夜間部は学部とみなす。
	高等専門学校　…学科別
	高等学校　………課程別(全日制、定時制、通信制) ▶課程に対応する専攻科・別科は、各課程に含む。 ▶夜間部は学部とみなす。
	中学校

	小学校
	幼稚園
	中等教育学校　…※1部門となる
	その他　…特別支援学校、専修学校、各種学校
研究所（各学校や各学部に付設されている研究所や研究施設で、その組織や予算などが相当な規模を有するもの）	
各病院（分院も1単位とする）	
農場、演習林その他研究所・各病院の施設規模に相当する規模を有する各施設	

▶ 補足（保育所事業）

　従来、認可保育所の設置は、都道府県及び市区町村並びに社会福祉法人に限って認められてきました。

　しかし、近年では幼稚園と保育所の連携（幼保一元化）によってその機能を相互補完することを国が推進しており、学校法人でも保育所を設置できることとなりました。

　学校法人が設置する保育所の会計に関しては、学校法人の学校と並列して「保育所」部門を設けて表示します。

種　類	根拠法と目的
幼稚園	学校教育法に基づき、幼児に対し学校教育を施すことを目的とした教育施設
保育所	児童福祉法に基づき、保育に欠ける乳幼児を保育することを目的とした児童福祉施設

（2）「資金収支内訳表・事業活動収支内訳表」と「人件費支出内訳表」

　知事所轄学校法人で、単一の学校のみを設置しているもの（専修学校、各種学校を含み、2つ以上の課程を置く高等学校を除く）については、部門区分を必要としないため、資金収支内訳表及び事業活動収支内訳表の作成は省略することができます。

　しかし、人件費支出内訳表はその作成を省略することはできません。ただし、知事所轄学校法人で単一校のみを有する場合には、「部門の区分」は省略できます。

　人件費支出内訳表は、教員・職員・役員別に、かつ本務・兼務別に区分して表示することが求められており、その内容は資金収支内訳表では明らかにならないためです。

▶人件費支出の部門別計上の基準
■【発令基準】

　教職員の給与（人件費支出）は、原則としてどの部門（学部・学科を含む）の教職員として発令されているかによって計上します。

　発令基準によった場合、1人の教職員の給与を複数部門に配賦することはありません。

〔例1〕

　A学部の教授として発令された教員Xが、B学部の授業を一部担当しても、教員Xの人件費支出はA学部に計上されます。

〔例2〕

　採用時にはC短大の教員Yとして発令されていたが、事情によって実際はD高等学校の教員Yとして勤務しているような場合には、教員Yの人件費支出はD高等学校に計上される必要があります。このようなケースでは実態の方が重要だからです。

|注意|　補助金申請等と矛盾がないように十分注意してください。

■【実質基準、従事基準】

　すべての教職員について発令基準によって所属部門を確定できるわけではありません。発令だけでは所属部門の判別が困難な場合には、「主たる勤務がいずれの部門となるか」によって人件費支出を計上します。
　「主たる勤務がいずれの部門か」は、業務内容や業務量、勤務時間の割合等など総合的に勘案して判断することになります。
　この場合も、1人の教職員の給与を複数部門に配分することはありません。

■【支出部門基準】

　非常勤講師なども発令基準が原則となりますが、特定の部門に所属せず複数部門で従事している場合は、それぞれの部門が担当授業数などに応じた給与を負担する場合があります。従事した実態に即して各部門（ないし学部・学科）がそれぞれに給与を支払っている場合には、会計上も事実に沿って処理することになります。
　この場合には、1人の教職員の給与が複数部門に計上されることになります。

■【その他の基準】

　学校法人会計基準の第三号様式の注2は、「どの部門の支出であるか明らかでない人件費支出は、教員数又は職員数の比率等を勘案して、合理的に各部門に配付する。」と記載されています。
　これはある個人の給与を複数の部門に分けて計上するのではなく、個々人をいずれかの部門に紐付ける（所属させる）ことを意味しています。
　したがって、1人の教職員の給与が複数部門に配分されるわけではありません。

■ 例外① 学校法人部門の職員人件費支出

　学校法人部門に計上される職員人件費支出は、その範囲を非常に狭く限定し、「学校法人部門の職員として発令されている者のうち、主として学校法人部門の業務に従事する職員についてのみ」、学校法人部門に計上されます。

> 学校法人部門の業務の範囲は、下記の９つが限定的に定められています。
> （文管企第250号）
> ア　理事会及び評議員会等の庶務に関すること
> イ　役員等の庶務に関すること
> ウ　登記、認可、届出その他の法令上の諸手続に関すること
> エ　法人主催の行事及び会議に関すること
> オ　土地の取得又は処分に関すること（他の部門の所掌に属するものを除く）
> カ　法人運営の基本方針（将来計画、資金計画等）の策定事務に関すること
> キ　学校、学部・学科（学部の学科を含む）等の新設事務に関すること
> ク　その他「学校法人」部門に直接係る庶務・会計・施設管理等に関すること
> ケ　他の部門の業務に属さない事項の処理に関すること

　各学校法人においては、その組織上の法人本部の役割（業務範囲）は各学校法人において決まるので、一定の業務範囲を限定している内訳表上の学校法人部門（に計上される業務範囲）とは異なります。
　規模の小さな学校法人で、法人本部（もしくは学校法人部門）を独立して設置していない場合、学校法人部門の業務を主として行っている職員がいれば、その人件費支出が会計上では学校法人部門に計上されます。

学校法人部門についてはその業務範囲だけでなく、「学校法人部門に直接計上する収入額又は支出額は、上記に示した業務の運営に必要な収入額又は支出額」とされ、具体的には下記のものが挙げられています。

学校法人部門に直接計上する収支
（収入） ▶学校法人部門の業務の運営に必要な建物、設備に係る使用料収入及び資産売却収入並びに学校法人部門の業務の運営に関連して生ずる雑収入 ▶土地の処分等に係る売却等収入（他の部門に属するものを除く） ▶学校法人部門の業務に係る支出に充てるものとして収受された寄付金収入、借入金等収入 ▶学校法人部門の業務に係る支出に充てるものとして収益事業会計から繰り入れられた収入 ▶学校法人部門の業務の範囲のア～クの支出に充てるものとして収受された寄付金収入等
（支出） ▶学校法人の役員等の報酬等の支出 ▶理事会及び評議員会等の開催経費の支出 ▶主として学校法人部門の業務に従事する職員の人件費支出 ▶学校法人部門の業務の運営に必要な建物設備の取得・保全に係る支出（他の部門に属するものを除く） ▶学校法人部門の業務に係るものとして運用している借入金等の利息支出及び返済支出 ▶学校、学部・学科（学部の学科を含む）等の新設に係る支出 ▶その他、学校法人部門の業務の運営に直接必要な支出

■ 例外② 医・歯学部及び附属病院の教員人件費支出

　医・歯学部及び附属病院の教員人件費支出のうち臨床系教員の人件費支出については、授業科目を担当する教員に係る人件費支出を学部に計上し、その他の教員の人件費支出は附属病院に計上します。

(3) 部門共通収支の配分方法

　特定の部門（もしくは学部・学科）のものとして把握できる収支は、そのまま当該部門、学部・学科等に直接計上しますが、複数の部門や学部・学科を有している学校法人では共通の収支が発生することがあります。

　このような場合、複数の部門に共通する収支は、「部門共通」に計上し、複数の学部・学科に共通する収支は、「大学共通」・「短大共通」等に計上します。

　注意　共通部門の設定は、実態に応じて適宜行います。

▶配分の手順

　「部門共通」に計上した収支は、各科目別に適当な配分基準により関係部門に配分します。複数の学部・学科を有する場合には、「大学共通」・「短大共通」等に配分します。

　次に、「大学共通」・「短大共通」等に計上した収支を、各科目別に適当な配分基準により学部・学科へ配分します。

> 配分基準の例：
> ▶在学者数・教職員数などの人数比、使用面積比等（数値は一定の基準日で算出）
> ▶使用時間比等（数値は一定の基準期間で算出）
> ▶帰属収入比等（利息収入などに使用。前年度末など一定の基準日で算出）

　上記の方法で配分できない「部門共通」の収支がある場合は、各部門、学部・学科等の収支の合計額の比率により各科目別に配分します。

　配分方法（配分基準を含む）は、合理的でなくなった場合を除き、毎年度継続して適用しなければなりません。また、配分計算過程の資料や配分基準で使用した数値の基礎資料等は、資金収支内訳表の決算資料として保存しておく必要があります。

（4）内部取引について

　一般的に、企業の決算書は対外的な取引の結果に基づいて財政状態・経営成績を示す必要があるため、内部取引は決算書上で除去されています。

　しかし学校法人会計では、各部門における教育研究活動の状況を適切に表示するため、部門別計算に基づく内訳表の作成が要求されています。

　したがって、学校法人会計でも、単に部門間における資金の貸付けと借入れ（利息を含む）、立替えと回収などのような貸借取引は相殺されて表示しますが、部門別の実態に合った収入・支出を表示する必要のある取引については相殺しません。

〔相殺しない取引の例〕

　教育実習の礼金に関する収支（大学側の教育研究経費の適正表示のため）

計算書類に関連する主な参考資料

　通知等

学校法人会計基準（平25.4.22改正　文部科学省令第15号）
学校法人会計基準の一部改正について（通知）（平25.4.22　25文科高第90号）
学校法人会計基準の一部改正に伴う計算書類の作成について（通知）（平25.9.2　25高私参第8号）
「恒常的に保持すべき資金の額について」の改正について（通知）（平25.9.2　25高私参第9号）
資金収支内訳表について（通知）（昭47.4.26　文管振第93号）
資金収支内訳表等の部門別計上及び配分について（通知）（昭55.11.4　文管企第250号）
学校法人会計基準の一部改正について（通知）（平6.7.4　文高法第73号）
「大学の附属病院にかかる学校法人計算書類記載要領について（報告）」について（通知）（昭47.9.28　文管振第152号）

　日本公認会計士協会の公表物

学校会計委員会報告第20号「学校法人計算書類の表示について（その1）」

（昭50.5.7）
学校法人委員会実務指針第45号「『学校法人会計基準の一部改正に伴う計算書類の作成について（通知）』に関する実務指針」（平26.1.14）
学校法人委員会研究報告第8号「計算書類の様式等のチェックリスト及び科目別のチェックリスト」（平25.1.15改正）
学校法人委員会研究報告第16号「計算書類の注記事項の記載に関するQ&A」（平26.12.2改正）
学校法人委員会研究報告第27号「内部取引の表示に関するQ&A」（平26.7.29改正）

知事所轄学校法人に関連する主な参考資料

> 通知等

都道府県知事を所轄庁とする学校法人における学校法人会計基準の運用について（通知）（昭48.2.28　文管振第53号）
「小規模法人における会計処理等の簡略化について（報告）」について（通知）（昭49.3.29　文管振第87号）
学校法人会計基準の処理標準（記載科目）の改正等について（小・中・高法人対象）（通知）（昭56.11.2　総学二第284号→平18.1.30改正　17生文私行第3305号）
学校法人財務基準調査研究会「都道府県知事所轄学校法人における学校法人会計基準の実施について（報告）」（昭46.2.25）

> 日本公認会計士協会の公表物

日本公認会計士協会東京会学校法人特別委員会「知事所轄学校法人会計Q&A－東京都の事例を中心として－」（平10.1.13）

第7章

学校法人の運営

1. 学校法人に関係する法令

　学校に関係する法令は色々ありますが、学校法人に特に深く関係するのは私立学校法と私立学校振興助成法です。
（一部抜粋）

教育基本法（昭22.3.31　法律第25号）←全部改正により廃止

教育基本法（平18.12.22　法律第120号）

学校教育法（昭22.3.31　法律第26号）
第1条【学校の範囲】
　学校とは、幼稚園、小学校、中学校、高等学校、中等教育学校、特別支援学校、大学及び高等専門学校とする。
第2条【学校の設置者】
　第1項　学校は、国、地方公共団体及び私立学校法第3条に規定する学校法人のみが、これを設置することができる。
　第2項　国立学校とは、国の設置する学校を、公立学校とは、地方公共

団体の設置する学校を、私立学校とは、学校法人の設置する学校をいう。

第4条【設置廃止等の認可（所轄庁）】

第1項 次の各号に掲げる学校の設置廃止、設置者の変更その他政令で定める事項は、それぞれ当該各号に定める者の認可を受けなければならない。

一 公立又は私立の大学及び高等専門学校 →文部科学大臣
二 市町村の設置する高等学校、中等教育学校及び特別支援学校 →都道府県の教育委員会
三 私立の幼稚園、小学校、中学校、高等学校、中等教育学校及び特別支援学校 →都道府県知事

附則 第6条【学校の設置者の特例】

私立の幼稚園は、第2条第1項の規定にかかわらず、当分の間、学校法人によって設置されることを要しない。

学校教育法施行令（昭28.10.31 政令第340号）

学校教育法施行規則（昭22.5.23 文部省令第11号）

私立学校法（昭24.12.15 法律第270号）

第1条【この法律の目的】

この法律は、私立学校の特性にかんがみ、その自主性を重んじ、公共性を高めることによって、私立学校の健全な発達を図ることを目的とする。

第2条【定義】

第1項 「学校」とは、学校教育法第1条に規定する学校をいう。
第3項 「私立学校」とは、学校法人の設置する学校をいう。

第3条

「学校法人」とは、私立学校の設置を目的として、この法律の定めるところにより設立される法人をいう。

私立学校法施行令（昭25.3.14 政令第31号）

私立学校法施行規則（昭25.3.14　文部省令第12号）

私立学校振興助成法（昭50.7.11　法律第61号）
第1条【目的】
　この法律は、学校教育における私立学校の果たす重要な役割にかんがみ、国及び地方公共団体が行う私立学校に対する助成の措置について規定することにより、私立学校の教育条件の維持及び向上並びに私立学校に在学する児童、生徒、学生又は幼児に係る修学上の経済的負担の軽減を図るとともに私立学校の経営の健全性を高め、もって私立学校の健全な発達に資することを目的とする。
第2条【定義】
　第1項　「学校」とは、学校教育法第1条に規定する学校をいう。
　第2項　「学校法人」とは、私立学校法第3条に規定する学校法人をいう。
　第3項　「私立学校」とは、私立学校法第2条第3項に規定する学校をいう。
　第4項　「所轄庁」とは、私立学校法第4条に規定する所轄庁をいう。
第14条【書類の作成等】
　第1項　第4条第1項又は第9条に規定する補助金の交付を受ける学校法人は、文部科学大臣の定める基準に従い、会計処理を行い、貸借対照表、収支計算書その他の財務計算に関する書類を作成しなければならない。
　第2項　前項に規定する学校法人は、同項の書類のほか、収支予算書を所轄庁に届け出なければならない。
　第3項　前項の場合においては、第1項の書類については、所轄庁の指定する事項に関する公認会計士又は監査法人の監査報告書を添付しなければならない。
　　ただし、補助金の額が寡少であって、所轄庁の許可を受けたときは、この限りでない。

私立学校振興助成法施行令（昭51.11.9　政令第289号）

> 学校法人会計基準（昭46.4.1　文部省令第18号）
> 　私学助成を受ける学校法人が適正な会計処理を行うための統一的な会計処理の基準
> 第1条【学校法人会計の基準】
> 　第1項　私立学校振興助成法第14条第1項に規定する学校法人は、この省令で定めるところに従い、会計処理を行い財務計算に関する書類（以下「計算書類」という。）を作成しなければならない。
> 　第2項　学校法人は、この省令に定めのない事項については、一般に公正妥当と認められる学校法人会計の原則に従い、会計処理を行い、計算書類を作成しなければならない。
> 第2条【会計の原則】
> 　学校法人は、次に掲げる原則によって、会計処理を行い、計算書類を作成しなければならない。
> 　　一　財政及び経営の状況について真実な内容を表示すること。（真実性の原則）
> 　　二　すべての取引について、複式簿記の原則によって、正確な会計帳簿を作成すること。（複式簿記の原則）
> 　　三　財政及び経営の状況を正確に判断することができるように必要な会計事実を明瞭に表示すること。（明瞭性の原則）
> 　　四　採用する会計処理の原則及び手続並びに計算書類の表示方法については、毎会計年度継続して適用し、みだりにこれを変更しないこと。（継続性の原則）

▶「学校法人」と「私立学校」

　学校法人は「私立学校の設置を目的として、私学法によって定められた法人」であり、私立学校は「学校法人の設置する学校」という関係です。

　学校法人の「法人」とは、法律に基づいて団体に与えられる法律上の人格です。学校法人は、私学法によって法人格を有することになるため、学校法人の名義で契約を結んだり、財産を所有することができます。

　一方で私立学校とは、学校法人が作る学校ですが、広い意味では国公立の

教育施設以外の教育施設と考えることもできるので（附則第 6 条参照）、ほんの少しだけ学校法人より概念的には広いと言えます。

2. 学校法人の管理運営制度

学校法人の管理運営制度については、私立学校法の下記「第 3 章　学校法人 – 第 3 節　管理」が重要です。

第35条【役員】
　第 1 項　学校法人には、役員として、理事 5 人以上及び監事 2 人以上を置かなければならない。
　第 2 項　理事のうち一人は、寄附行為[*1]の定めるところにより、理事長となる。

> （*1）寄附行為とは、学校法人の根本規則であり、法人の現在と将来のあり方を規制するものです。会社における定款に相当します。寄附行為には法律で定められた事項以外にも、法令に違反しない範囲で任意的な事項を定めることができます。設立時の寄附行為は所轄庁の認可を受けなければならず、その後の寄附行為の変更についても一部を除き所轄庁の認可が必要となります。

第36条【理事会】
　第 1 項　学校法人に理事をもって組織する理事会を置く。
　第 2 項　理事会は、学校法人の業務を決し、理事の職務の執行を監督する。
　第 3 項　理事会は、理事長が招集する。理事（理事長を除く。）が、寄附行為の定めるところにより、理事会の招集を請求したときは、理事長は、理事会を招集しなければならない。
　第 4 項　理事会に議長を置き、理事長をもって充てる。
　第 5 項　理事会は、理事の過半数の出席がなければ、その議事を開き、議決することができない。
　第 6 項　理事会の議事は、寄附行為に別段の定めがある場合を除いて、出

席した理事の過半数で決し、可否同数のときは、議長の決するところによる。

第37条【役員の職務】
第1項　理事長は、学校法人を代表し、その業務を総理する。
第2項　理事（理事長を除く。）は、寄附行為の定めるところにより、学校法人を代表し、理事長を補佐して学校法人の業務を掌理し、理事長に事故があるときはその職務を代理し、理事長が欠けたときはその職務を行う。
第3項　監事の職務は、次のとおりとする。
一　学校法人の業務を監査すること。
二　学校法人の財産の状況を監査すること。
三　学校法人の業務又は財産の状況について、毎会計年度、監査報告書を作成し、当該会計年度終了後2ヶ月以内に理事会及び評議員会に提出すること。
四　第一号又は第二号の規定による監査の結果、学校法人の業務又は財産に関し不正の行為又は法令若しくは寄附行為に違反する重大な事実があることを発見したときは、これを所轄庁に報告し、又は理事会及び評議員会に報告すること。
五　前号の報告をするために必要があるときは、理事長に対して評議員会の招集を請求すること。
六　学校法人の業務又は財産の状況について、理事会に出席して意見を述べること。

第38条【役員の選任】
第1項　理事となる者は、次の各号に掲げる者とする。
一　当該学校法人の設置する私立学校の校長（学長及び園長を含む。以下同じ。）
二　当該学校法人の評議員のうちから、寄附行為の定めるところにより選任された者（寄附行為をもって定められた者を含む。次号及び第44条第1項において同じ。）
三　前二号に規定する者のほか、寄附行為の定めるところにより選任された者

第2項　学校法人が私立学校を2つ以上設置する場合には、前項第一号の規定にかかわらず、寄附行為の定めるところにより、校長のうち、一人又は数人を理事とすることができる。
第3項　第1項第一号及び第二号に規定する理事は、校長又は評議員の職を退いたときは、理事の職を失うものとする。
第4項　監事は、評議員会の同意を得て、理事長が選任する。
第5項　理事又は監事には、それぞれその選任の際現に当該学校法人の役員又は職員（当該学校法人の設置する私立学校の校長、教員その他の職員を含む。以下同じ。）でない者が含まれるようにしなければならない。
第6項　役員が再任される場合において、当該役員がその最初の選任の際現に当該学校法人の役員又は職員でなかったときの前項の規定の適用については、その再任の際現に当該学校法人の役員又は職員でない者とみなす。
第7項　役員のうちには、各役員について、その配偶者又は三親等以内の親族が一人を超えて含まれることになってはならない。
第8項　学校教育法第9条（校長及び教員の欠格事由）の規定は、役員に準用する。

第39条【役員の兼職禁止】
　監事は、理事、評議員又は学校法人の職員と兼ねてはならない。

第40条【役員の補充】
　理事又は監事のうち、その定数の5分の1をこえるものが欠けたときは、1ヶ月以内に補充しなければならない。

第40条の2【忠実義務】
　理事は、法令及び寄附行為を遵守し、学校法人のため忠実にその職務を行わなければならない。

第40条の3【理事の代理行為の委任】
　理事は、寄附行為によって禁止されていないときに限り、特定の行為の代理を他人に委任することができる。

第40条の4【仮理事】
　理事が欠けた場合において、事務が遅滞することにより損害を生ずるおそれがあるときは、所轄庁は、利害関係人の請求により又は職権で、仮理事を

選任しなければならない。
第40条の5　【利益相反行為】
　学校法人と理事との利益が相反する事項については、理事は、代理権を有しない。この場合において、所轄庁は、利害関係人の請求により又は職権で、特別代理人を選任しなければならない。

第41条　【評議員会】
　第1項　学校法人に、評議員会を置く。
　第2項　評議員会は、理事の定数の2倍をこえる数の評議員をもって、組織する。
　第3項　評議員会は、理事長が招集する。
　第4項　評議員会に、議長を置く。
　第5項　理事長は、評議員総数の3分の1以上の評議員から会議に付議すべき事項を示して評議員会の招集を請求された場合には、その請求のあった日から20日以内に、これを招集しなければならない。
　第6項　評議員会は、評議員の過半数の出席がなければ、その議事を開き、議決をすることができない。
　第7項　評議員会の議事は、出席評議員の過半数で決し、可否同数のときは、議長の決するところによる。
　第8項　前項の場合において、議長は、評議員として議決に加わることができない。

第42条
　第1項　次に掲げる事項については、理事長において、あらかじめ、評議員会の意見を聞かなければならない。
　　一　予算、借入金（当該会計年度内の収入をもって償還する一時の借入金を除く）及び重要な資産の処分に関する事項
　　二　事業計画
　　三　寄附行為の変更
　　四　合併
　　五　第50条第1項第一号（評議員会の議決を要する場合を除く）及び第三号に掲げる事由による解散
　　六　収益を目的とする事業に関する重要事項

七　その他学校法人の業務に関する重要事項で寄附行為をもって定める
　　　もの
　第2項　前項各号に掲げる事項は、寄附行為をもって評議員会の議決を要
　　するものとすることができる。

第43条
　評議員会は、学校法人の業務若しくは財産の状況又は役員の業務執行の状況について、役員に対して意見を述べ、若しくはその諮問に答え、又は役員から報告を徴することができる。

第44条【評議員の選任】
　第1項　評議員となる者は、次の各号に掲げる者とする。
　　一　当該学校法人の職員のうちから、寄附行為の定めるところにより選
　　　任された者
　　二　当該学校法人の設置する私立学校を卒業した者で年齢25年以上のも
　　　ののうちから、寄附行為の定めるところにより選任された者
　　三　前各号に規定する者のほか、寄附行為の定めるところにより選任さ
　　　れた者
　第2項　前項第一号に規定する評議員は、職員の地位を退いたときは、評
　　議員の職を失うものとする。

第45条【寄附行為変更の認可等】
　第1項　寄附行為の変更（文部科学省令で定める事項に係るものを除く）
　　は、所轄庁の認可を受けなければ、その効力を生じない。
　第2項　学校法人は、前項の文部科学省令で定める事項に係る寄附行為の
　　変更をしたときは、遅滞なく、その旨を所轄庁に届け出なければならな
　　い。

第46条【評議員会に対する決算等の報告】
　理事長は、毎会計年度終了後2ヶ月以内に、決算及び事業の実績を評議員会に報告し、その意見を求めなければならない。

第47条【財産目録等の備付け及び閲覧】

> 第1項　学校法人は、毎会計年度終了後2ヶ月以内に財産目録、貸借対照表、収支計算書及び事業報告書を作成しなければならない。
> 第2項　学校法人は、前項の書類及び第37条第3項第三号の監査報告書（第66条第四号において「財産目録等」という）を各事務所に備えて置き、当該学校法人の設置する私立学校に在学する者その他の利害関係人から請求があった場合には、正当な理由がある場合を除いて、これを閲覧に供しなければならない。
>
> 第48条【会計年度】
> 　学校法人の会計年度は、4月1日に始まり、翌年3月31日に終るものとする。

＜私立学校法　第3章　第3節　管理＞より抜粋。

　学校法人の仕組みについては、文部科学省が公表した次ページの資料が参考になります。

第7章　学校法人の運営

学校法人の仕組み

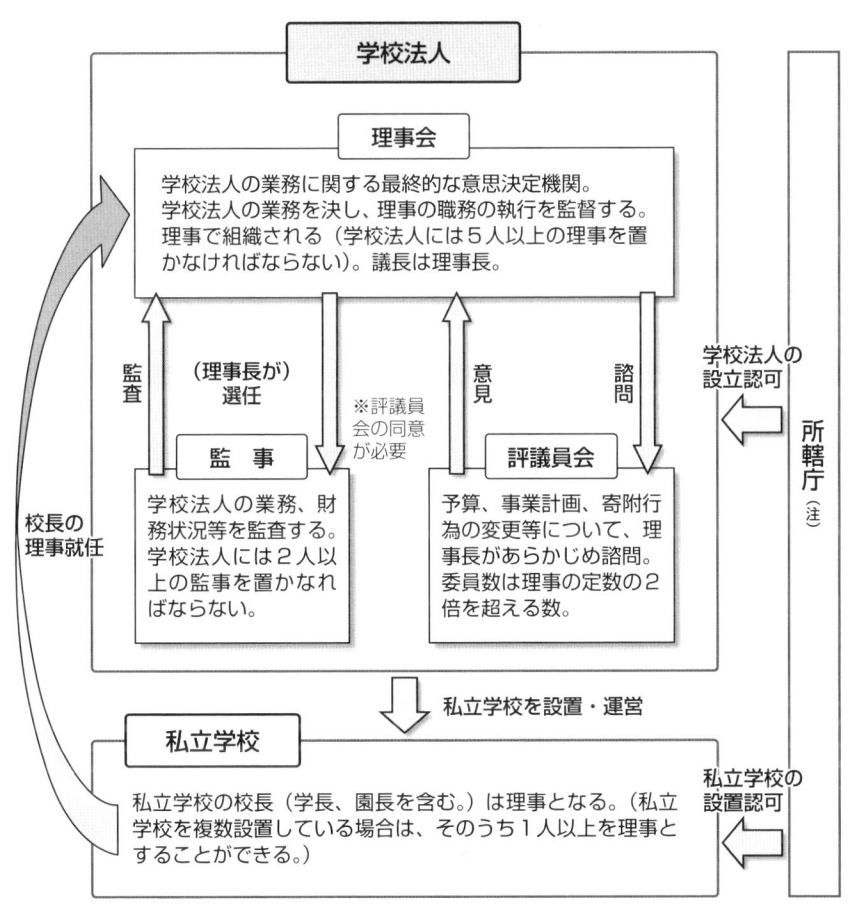

学校法人

理事会
学校法人の業務に関する最終的な意思決定機関。学校法人の業務を決し、理事の職務の執行を監督する。理事で組織される（学校法人には5人以上の理事を置かなければならない）。議長は理事長。

監査　←　**監事**
学校法人の業務、財務状況等を監査する。学校法人には2人以上の監事を置かなればならない。

（理事長が）選任

※評議員会の同意が必要

意見・諮問　←→　**評議員会**
予算、事業計画、寄附行為の変更等について、理事長があらかじめ諮問。委員数は理事の定数の2倍を超える数。

校長の理事就任

私立学校を設置・運営

私立学校
私立学校の校長（学長、園長を含む。）は理事となる。（私立学校を複数設置している場合は、そのうち1人以上を理事とすることができる。）

学校法人の設立認可　←　**所轄庁**（注）

私立学校の設置認可　←

（注）所轄庁の区分
〈学校法人〉
　○大学・高等専門学校を設置する学校法人：文部科学大臣
　○大学・高等専門学校以外の学校（幼、小、中、高等）のみを設置する学校法人：都道府県知事
〈学校〉
　○大学・高等専門学校：文部科学大臣
　○大学・高等専門学校以外の学校（幼、小、中、高等）：都道府県知事

3. 財務情報の公開制度(私学法と助成法より)

　財務情報の作成と公開(*)についての、私学法と助成法における規定を比較すると以下のようになります。

　　(*) ここでいう公開とは、閲覧に供するを意味します。

私学法	助成法
すべての学校法人は、財産目録、貸借対照表、収支計算書、事業報告書を「一般に公正妥当と認められる学校法人会計の基準その他の学校法人会計の慣行（事実上、学校法人会計基準）」によって作成する。	経常費補助金の交付を受ける学校法人は貸借対照表、収支計算書、その他の財務計算に関する書類を「学校法人会計基準」によって作成する。
公開する義務がある。 ＊監事の監査報告書や、私学法第26条に規定する収益事業に係る財務書類も公開する義務がある。	公開する義務の規定はない。
公認会計士等による監査は求められていない。	公認会計士等による監査を受ける必要がある。
【作成期限】 法律上は、5月31日までに作成 ただし評議員会への報告が必要なので、実質的には評議員会の開催日	【所轄庁への提出期限】 会計監査人の監査報告書を添付して6月30日までに提出

　「収支計算書」とは、資金収支計算書、活動区分資金収支計算書、事業活動収支計算書が該当します。

　「公開する対象者」は、在学者その他の利害関係人とされますが、積極的な情報公開の観点からは、直接的な利害関係を有するか否かだけで判断しないことが期待されます。「正当な理由がある場合」には閲覧を拒否すること

ができますが、積極的な情報公開の観点を重視する必要があると考えられます。

「事業報告書」には、法人の概要、事業の概要、財務の概要が記載されます。

学校法人で重視している教育の内容やその成果、今後の計画などについて記載することで、単に計算書類を見るだけではわからない学校法人の姿を見せることができます。事業報告書の内容を充実させ、学校法人への理解を深めることが、結果的に学校法人に良い影響を与えることができるものと考えられます。

なお大学は「学校教育法施行規則」で、教育研究活動等の状況についての情報を公表することが義務付けられています。

> **第172条の2**
> 　第1項　大学は、次に掲げる教育研究活動等の状況についての情報を公表するものとする。
> 　一　大学の教育研究上の目的に関すること
> 　二　教育研究上の基本組織に関すること
> 　三　教員組織、教員の数並びに各教員が有する学位及び業績に関すること
> 　四　入学者に関する受入方針及び入学者の数、収容定員及び在学する学生の数、卒業又は修了した者の数並びに進学者数及び就職者数その他進学及び就職等の状況に関すること
> 　五　授業科目、授業の方法及び内容並びに年間の授業の計画に関すること
> 　六　学修の成果に係る評価及び卒業又は修了の認定に当たっての基準に関すること
> 　七　校地、校舎等の施設及び設備その他の学生の教育研究環境に関すること
> 　八　授業料、入学料その他の大学が徴収する費用に関すること
> 　九　大学が行う学生の修学、進路選択及び心身の健康等に係る支援に関すること
> 　第2項　大学は、前項各号に掲げる事項のほか、教育上の目的に応じ学生

> が修得すべき知識及び能力に関する情報を積極的に公表するよう努めるものとする。
> 第3項　第1項の規定による情報の公表は、適切な体制を整えた上で、刊行物への掲載、インターネットの利用その他広く周知を図ることができる方法によって行うものとする。

＜学校教育法施行規則　第9章　大学　第4節　認証評価その他＞より抜粋。

4. 助成法による会計監査制度

　経常費補助金の交付を受ける学校法人は、学校法人会計基準に従って計算書類を作成し、公認会計士又は監査法人の監査報告書を添付しなければなりません。
　ただし、補助金の額が年間1千万円未満で、所轄庁の許可を受けた場合には、監査報告書は不要とされています。
　計算書類と予算書は、所轄庁に届け出る必要があります。

　注意　監査対象は所轄庁（文部科学大臣または各都道府県知事）によって定められています。すべての学校法人で同じというわけではありません。

（1）決算における内部監査と外部監査

　予算については評議員会に対して「あらかじめ意見を聞く」のに対し、決算については評議員会に「報告」することになっています。
　また、理事会で承認される決算書は、事前に学校法人の内部機関である監事による監査が終了しているので、流れとしては下記の通りとなります。

```
監事の          理事会開催日        評議員会開催日      公認会計士等の
監査報告書日  →   （承認）      →    （報告）      →   監査報告書日
```

会計年度終了後、2ヶ月以内に理事会で承認（私学法の定め）

理事会承認後に公認会計士等の監査を実施し、
3ヶ月以内に所轄庁に提出（助成法の定め）

|注意| 理事会と評議員会の同日開催は可能ですが、決算に関しては理事会の後に評議員会を開催する必要があります。

（2）監事と監査人（公認会計士または監査法人）

日本公認会計士協会は、「学校法人委員会研究報告第17号　学校法人の監査人と監事の連携のあり方等について（平22.1.13）」を公表し、監査人と監事の相互連携によって監査が効率的かつ効果的となり、その品質も向上させることができるとしています。

5. 学校法人の予算制度

「予算制度」は、学校法人における活動の計画とそれに必要な予算の決定、決定された計画と予算の実行の統制のための組織及び手続となります。

（1）予算の重要性

私学法第42条において、「学校法人の予算については、あらかじめ評議員会の意見を聞かなければならない」とされ、また助成法第14条第2項では「収

支予算書を所轄庁に届け出なければならない」と定められています。

　学校法人の主な収入源は、学生生徒等納付金と補助金（税金）であり、その他に善意の寄付金も含まれています。これらの資金は学校法人の目的である教育研究目的に適正に使用されることが求められます。また、生徒数や授業料単価は容易に増やすことはできず、学校法人の収入は自ずと固定的なものになります。

　一般的な企業における費用は収益を生み出すために使われますが、学校法人は収入を一方的に消費していくだけです。ですから学校法人では「限られた収入をどうやって使うか」という点が重要になります。

　学校法人の教育事業活動の計画を数値化したものが予算であり、その教育事業活動の結果（報告）が科目と金額で表されているものが決算という関係です。

　予算書は「事業計画書」と、決算書は「事業報告書」と結びついています。

（2）予算の編成と実行

　予算の編成手続は各学校法人の規模や形態によって決まるものですが、予算の編成と実行に関して事前に管理組織を定め、予算管理上の責任と権限を明確にしておく必要がある点は、どの学校法人にも共通します。

　事業計画が単年度のものなのか、複数年度にわたる長期的なものなのかによって、組まれる予算は異なりますので、学校法人の事業計画と整合的な予算にする必要があります。

（3）予算の種類

　学校法人が作成しなければならない収支予算は、「資金収支予算書」と「事業活動収支予算書」です。

　「資金収支内訳表」「人件費支出内訳表」「活動区分資金収支計算書」及び「事

業活動収支内訳表」の予算についても届出を要するかは、所轄の指示に従います。

ただし、実務上は複数部門を有する学校法人においては、管理上部門別の予算が必要となりますので、各内訳表の予算も作成しておくことが望まれます。

▶当初予算と補正予算

会計年度開始前に立案する予算を「当初予算」といいます。

会計年度中に事業計画の変更などによって予算も変更する必要がある場合、まずは当初予算の予備費の使用や科目間流用について検討しますが、その範囲を超えて変更を要する場合などは、予算の修正が必要となります。修正後の予算を「補正予算」といいます。

（4）予算書の提出期限

当初予算書は、当該会計年度の6月30日までに所轄庁へ提出します。

補正予算を組んだ場合（一度提出した予算書を変更した場合）は、変更後、速やかに提出しなければなりません。

6. 学校法人における内部統制

　学校法人における「内部統制」とは、学校法人を管理するために理事者が構築する仕組みです。
　内部統制には、以下のように2つの概念があります。

内部統制	【全学的な内部統制】 学校法人の文化や風土、組織やガバナンス、内部監査　など
	【業務プロセスに係る内部統制＝具体的な管理手続】 入試管理プロセス、学費収納プロセス、人事管理プロセス、支払管理プロセス、資産管理プロセス　など

　業務プロセスに係る内部統制は、「防止的コントロール」と「発見的コントロール」の2つに分類できます。
　防止的コントロールとは、あらかじめリスクの発生が予測される部分に確認作業や承認手続という業務を設定し、リスクの発生を防止する内部統制です。
　発見的コントロールとは、リスクが発生しても早期に発見し、適時・適切に対応が取れる状況にする内部統制です。

▶内部統制の目的
・業務の有効性及び効率性
・財務報告の信頼性
・事業活動に関わる法令等の遵守
・資産の保全
　＊4つの目的は互いに独立しているのではく、密接に関連しています。

▶ 内部統制の基本的要素
・統制環境、リスクの評価、統制活動
・情報と伝達、モニタリング、ITへの対応

▶ 内部統制の限界と必要性
　適切に内部統制が整備され、かつ運用されていても、内部統制が有効に機能しない状況は存在します。

　しかし、内部統制は人為的なミスを減らし、また複数の人による不正のための共謀を牽制する効果も期待できます。その他、想定外の組織内外の環境変化や非定型的な取引に対応できる人員配置が可能になるなど、学校法人の資源を有効に配分して柔軟な対応が可能になります。

　簡単に言えば、学校法人の諸活動について、それぞれルールとなる諸規程や業務の流れを適切に定め、それが適切に守られているかを適時に確認していく体制作りが重要ということです。

　また、違法・違反行為の可能性に備えて何らかの内部通報制度を設けておくこともこういった体制作りに含まれます。

　事前に不正やミスを「いかに防止するか」、起きてしまった不正やミスを「いかに発見するか」、これを意識しておくことが非常に重要です。

　適切なルールを定めることで防止に役立ち、ルール通りのチェックや承認によって発見できる（はず）、というとわかりやすいと思います。

■ 学校法人に必要な各種規程(規則)の一例

分類	規程(規則)例
組織・総務	理事会会議規程、事務組織規程、業務分掌規程、稟議規程、決裁規程、文書取扱規程、公印取扱規程、危機管理規程、個人情報保護に関する規程、監事監査規程、財産目録等の閲覧に関する規程など
財務	経理規程(経理規程細則、会計科目一覧、耐用年数表を含む)、予算管理規程、固定資産及び物品管理規程、科学研究費補助金取扱規程、資産運用規程
教学	各学校別の学則(園則)、入学者選抜規程、休学、復学、転学、退学、再入学等の手続に関する規程(各種届出様式を含む)、減免(奨学金)規程
人事・給与	就業規則、勤務規則、育児休業・介護休業の規程、人事考課規則、定年規則、 給与規程、退職金規程、旅費規程、慶弔費規程など

学校法人におけるそれぞれの業務活動の流れについても、決められたルール通りに運用されているか、もしくはルールと実際とが相違していないか、適時に確認する必要があります。

可能な限り、業務フローは文書化して、内部だけでなく学校法人の外部の人へも説明ができる体制が望ましいといえます。

法人運営に関連する主な参考資料

法令・通知等

学校教育法（昭22.3.31　法律第26号→平23.6.3改正　法律第61号）
学校教育法施行令（抄）（昭28.10.31　政令第340号→平25.8.26改正　政令第244号）
学校教育法施行規則（抄）（昭22.5.23　文部省令第11号→平26.1.14改正　文部科学省令第2号）
私立学校法（昭24.12.15　法律第270号→平25.6.14改正　法律第44号）
私立学校法施行令（昭25.3.14　政令第31号→平17.2.18改正　政令第24号）

私立学校法施行規則（昭25.3.14　文部省令第12号→平19.12.25改正　文部科学省令第40号）
改正私立学校法Q&A（平16.9月　文部科学省・改正私立学校法説明会）
私立学校法の一部を改正する法律等の施行に伴う財務情報の公開等について（通知）（平16.7.23　16文科高第304号）
私立学校法の一部を改正する法律等の施行について（通知）（平16.7.23　16文科高第305号）
私立学校振興助成法（昭50.7.11　法律第61号→平24.8.22改正　法律第67号）
私立学校振興助成法施行令（昭51.11.9　政令第289号→平23.5.2改正　政令第118号）
私立学校振興助成法等の施行について（昭51.4.8　文管振第153号）
財務計算に関する書類及び収支予算書の届出について（通知）（昭51.4.8　文管振第158号）
学校法人の管理運営の適正確保について（昭58.7.29　文管企第207号）
日本会計研究学会「学校法人会計の基本問題　予算制度と監査・予算原則・予算監査」
学校法人財務基準調査研究会「学校法人の予算制度に関する報告（第1号）について」（昭47.3.16）
学校法人財務基準調査研究会「学校法人の予算制度に関する報告（中間報告第2号）について」（昭47.7.17）
学校法人財務基準調査研究会「学校法人の予算制度に関する報告（中間報告第3号）について」（昭47.9.19）
学校法人財務基準調査研究会「学校法人の予算制度に関する報告（中間報告第4号）について」（昭47.10.24）
個人情報の保護に関する法律（平15.5.30　法律第57号→平21.6.5改正　法律第49号）
学校における生徒等に関する個人情報の適正な取扱いを確保するために事業者が講ずべき措置に関する指針（平16.11.11　文部科学省告示第161号）
学校法人の出資による会社の設立等について（通知）（平13.6.8　高私行第5号）
学校法人の出資による会社の設立等に伴う財務計算に関する書類の作成について（通知）（平14.1.7　高私参第1号）
出資の受入れ、預り金及び金利等の取締りに関する法律（抄）（昭29.6.23

法律第195号→平19.6.13改正　法律第85号）

日本公認会計士協会の公表物
学校法人委員会研究報告第12号「学校法人における事業報告書の記載例について」（平21.2.17）
学校法人委員会研究報告第17号「学校法人の監査人と監事の連携のあり方等について」（平22.1.13）
学校法人委員会研究報告第14号「理事者確認書に関するQ&A」（平25.1.15改正）
学校法人委員会研究報告第23号「監査基準委員会報告書315『企業及び企業環境の理解を通じた重要な虚偽表示リスクの識別と評価』を学校法人監査に適用する場合の留意点に関するQ&A」（平24.2.14改正）
学校法人委員会研究報告第10号「監査基準委員会報告書240『財務諸表監査における不正』を学校法人監査に適用する場合の留意点」（平24.7.18改正）

付　録

学校法人会計基準

昭和46年4月1日文部省令第18号
最終改正：平成25年4月22日文部科学省令第15号

第1章　総　　則

（学校法人会計の基準）
第1条　私立学校振興助成法（昭和50年法律第61号。以下「法」という。）第14条第1項に規定する学校法人（法附則第2条第1項に規定する学校法人以外の私立の学校の設置者にあつては、同条第3項の規定による特別の会計の経理をするものに限るものとし、以下第6章を除き「学校法人」という。）は、この省令で定めるところに従い、会計処理を行い、財務計算に関する書類（以下「計算書類」という。）を作成しなければならない。
　2　学校法人は、この省令に定めのない事項については、一般に公正妥当と認められる学校法人会計の原則に従い、会計処理を行ない、計算書類を作成しなければならない。

（会計の原則）
第2条　学校法人は、次に掲げる原則によつて、会計処理を行ない、計算書類を作成しなければならない。
　一　財政及び経営の状況について真実な内容を表示すること。
　二　すべての取引について、複式簿記の原則によつて、正確な会計帳簿を

作成すること。
　　三　財政及び経営の状況を正確に判断することができるように必要な会計
　　　事実を明りように表示すること。
　　四　採用する会計処理の原則及び手続並びに計算書類の表示方法について
　　　は、毎会計年度継続して適用し、みだりにこれを変更しないこと。
（収益事業会計）
第3条　私立学校法（昭和24年法律第270号）第26条第1項に規定する事業に関する会計（次項において「収益事業会計」という。）に係る会計処理及び計算書類の作成は、一般に公正妥当と認められる企業会計の原則に従つて行わなければならない。
　2　収益事業会計については、前2条及び前項の規定を除き、この省令の規定は、適用しない。
（計算書類）
第4条　学校法人が作成しなければならない計算書類は、次に掲げるものとする。
　　一　資金収支計算書並びにこれに附属する次に掲げる内訳表及び資金収支計算書に基づき作成する活動区分資金収支計算書
　　　イ　資金収支内訳表
　　　ロ　人件費支出内訳表
　　二　事業活動収支計算書及びこれに附属する事業活動収支内訳表
　　三　貸借対照表及びこれに附属する次に掲げる明細表
　　　イ　固定資産明細表
　　　ロ　借入金明細表
　　　ハ　基本金明細表
（総額表示）
第5条　計算書類に記載する金額は、総額をもつて表示するものとする。ただし、預り金に係る収入と支出その他経過的な収入と支出及び食堂に係る収入と支出その他教育活動に付随する活動に係る収入と支出については、純

額をもつて表示することができる。

第2章　資金収支計算及び資金収支計算書

（資金収支計算の目的）

第6条　学校法人は、毎会計年度、当該会計年度の諸活動に対応するすべての収入及び支出の内容並びに当該会計年度における支払資金（現金及びいつでも引き出すことができる預貯金をいう。以下同じ。）の収入及び支出のてん末を明らかにするため、資金収支計算を行なうものとする。

（資金収支計算の方法）

第7条　資金収入の計算は、当該会計年度における支払資金の収入並びに当該会計年度の諸活動に対応する収入で前会計年度以前の会計年度において支払資金の収入となつたもの（第11条において「前期末前受金」という。）及び当該会計年度の諸活動に対応する収入で翌会計年度以後の会計年度において支払資金の収入となるべきもの（第11条において「期末未収入金」という。）について行なうものとする。

　2　資金支出の計算は、当該会計年度における支払資金の支出並びに当該会計年度の諸活動に対応する支出で前会計年度以前の会計年度において支払資金の支出となつたもの（第11条において「前期末前払金」という。）及び当該会計年度の諸活動に対応する支出で翌会計年度以後の会計年度において支払資金の支出となるべきもの（第11条において「期末未払金」という。）について行なうものとする。

（勘定科目）

第8条　学校法人は、この章の規定の趣旨に沿つて資金収支計算を行なうため必要な勘定科目を設定するものとする。

（資金収支計算書の記載方法）

第9条　資金収支計算書には、収入の部及び支出の部を設け、収入又は支出の科目ごとに当該会計年度の決算の額を予算の額と対比して記載するものと

する。

（資金収支計算書の記載科目）
第10条 資金収支計算書に記載する科目は、別表第1のとおりとする。
（前期末前受金等）
第11条 当該会計年度の資金収入のうち前期末前受金及び期末未収入金は、収入の部の控除科目として、資金収支計算書の収入の部に記載するものとする。

2　当該会計年度の資金支出のうち前期末前払金及び期末未払金は、支出の部の控除科目として、資金収支計算書の支出の部に記載するものとする。

（資金収支計算書の様式）
第12条 資金収支計算書の様式は、第一号様式のとおりとする。
（資金収支内訳表の記載方法等）
第13条 資金収支内訳表には、資金収支計算書に記載される収入及び支出で当該会計年度の諸活動に対応するものの決算の額を次に掲げる部門ごとに区分して記載するものとする。
　一　学校法人（次号から第5号までに掲げるものを除く。）
　二　各学校（専修学校及び各種学校を含み、次号から第5号までに掲げるものを除く。）
　三　研究所
　四　各病院
　五　農場、演習林その他前2号に掲げる施設の規模に相当する規模を有する各施設

2　前項第2号に掲げる部門の記載にあたつては、2以上の学部を置く大学にあつては学部（当該学部の専攻に対応する大学院の研究科、専攻科及び別科を含む。）に、2以上の学科を置く短期大学にあつては学科（当該学科の専攻に対応する専攻科及び別科を含む。）に、2以上の課程を置く高等学校にあつては課程（当該課程に対応する専攻科及び別科を含む。）にそれぞれ細分して記載するものとする。この場合において、学部の専攻に対応しない大

学院の研究科は大学の学部とみなす。
3　学校教育法（昭和22年法律第26号）第103条に規定する大学に係る前項の規定の適用については、当該大学に置く大学院の研究科は大学の学部とみなす。
4　通信による教育を行なう大学に係る第2項の規定の適用については、当該教育を担当する機関は大学の学部又は短期大学の学科とみなす。
5　資金収支内訳表の様式は、第二号様式のとおりとする。

（人件費支出内訳表の記載方法等）
第14条　人件費支出内訳表には、資金収支計算書に記載される人件費支出の決算の額の内訳を前条第1項各号に掲げる部門ごとに区分して記載するものとする。
2　前条第2項から第4項までの規定は、前項の規定による記載について準用する。
3　人件費支出内訳表の様式は、第三号様式のとおりとする。

（活動区分資金収支計算書の記載方法等）
第14条の2　活動区分資金収支計算書には、資金収支計算書に記載される資金収入及び資金支出の決算の額を次に掲げる活動ごとに区分して記載するものとする。
一　教育活動
二　施設若しくは設備の取得又は売却その他これらに類する活動
三　資金調達その他前二号に掲げる活動以外の活動
2　活動区分資金収支計算書の様式は、第四号様式のとおりとする。

第3章　事業活動収支計算及び事業活動収支計算書

（事業活動収支計算の目的）
第15条　学校法人は、毎会計年度、当該会計年度の次に掲げる活動に対応する事業活動収入及び事業活動支出の内容を明らかにするとともに、当該会計

年度において第29条及び第30条の規定により基本金に組み入れる額（以下「基本金組入額」という。）を控除した当該会計年度の諸活動に対応する全ての事業活動収入及び事業活動支出の均衡の状態を明らかにするため、事業活動収支計算を行うものとする。
　一　教育活動
　二　教育活動以外の経常的な活動
　三　前二号に掲げる活動以外の活動
（事業活動収支計算の方法）
第16条　事業活動収入は、当該会計年度の学校法人の負債とならない収入を計算するものとする。
　2　事業活動支出は、当該会計年度において消費する資産の取得価額及び当該会計年度における用役の対価に基づいて計算するものとする。
　3　事業活動収支計算は、前条各号に掲げる活動ごとに、前2項の規定により計算した事業活動収入と事業活動支出を対照して行うとともに、事業活動収入の額から事業活動支出の額を控除し、その残額から基本金組入額を控除して行うものとする。
（勘定科目）
第17条　学校法人は、この章の規定の趣旨に沿つて事業活動収支計算を行うため必要な勘定科目を設定するものとする。
（事業活動収支計算書の記載方法）
第18条　事業活動収支計算書には、第15条各号に掲げる活動ごとに事業活動収入の部及び事業活動支出の部を設け、事業活動収入又は事業活動支出の科目ごとに当該会計年度の決算の額を予算の額と対比して記載するものとする。
（事業活動収支計算書の記載科目）
第19条　事業活動収支計算書に記載する科目は、別表第2のとおりとする。
（当年度収支差額等の記載）
第20条　第15条各号に掲げる活動ごとの当該会計年度の収支差額（事業活動収

入の額から事業活動支出の額を控除した額をいう。以下同じ。）は、事業活動支出の部の次に予算の額と対比して記載するものとする。
2　当該会計年度の経常収支差額（第15条第1号に掲げる活動の収支差額に同条第2号に掲げる活動の収支差額を加算した額をいう。以下同じ。）は、同号に掲げる活動の収支差額の次に予算の額と対比して記載するものとする。
3　当該会計年度の基本金組入前当年度収支差額（経常収支差額に第15条第3号に掲げる活動の収支差額を加算した額をいう。以下同じ。）は、同号に掲げる活動の収支差額の次に予算の額と対比して記載するものとする。
4　当該会計年度の基本金組入額は、基本金組入前当年度収支差額の次に予算の額と対比して記載するものとする。
5　当該会計年度の当年度収支差額（基本金組入前当年度収支差額から基本金組入額を控除した額をいう。以下同じ。）は、基本金組入額の次に予算の額と対比して記載するものとする。

（翌年度繰越収支差額）
第21条　当該会計年度において次に掲げる額がある場合には、当該額を加算した額を、翌年度繰越収支差額として、翌会計年度に繰り越すものとする。
　一　当年度収支差額
　二　前年度繰越収支差額（当該会計年度の前会計年度の翌年度繰越収支差額をいう。）
　三　第31条の規定により当該会計年度において取り崩した基本金の額

（翌年度繰越収支差額の記載）
第22条　翌年度繰越収支差額は、当年度収支差額の次に、前条の規定による計算とともに、予算の額と対比して記載するものとする。

（事業活動収支計算書の様式）
第23条　事業活動収支計算書の様式は、第五号様式のとおりとする。

（事業活動収支内訳表の記載方法等）
第24条　事業活動収支内訳表には、事業活動収支計算書に記載される事業活動収入及び事業活動支出並びに基本金組入額の決算の額を第13条第1項各号

に掲げる部門ごとに区分して記載するものとする。
2　事業活動収支内訳表の様式は、第六号様式のとおりとする。

第4章　貸借対照表

第1節　資　産

（資産の評価）

第25条　資産の評価は、取得価額をもつてするものとする。ただし、当該資産の取得のために通常要する価額と比較して著しく低い価額で取得した資産又は贈与された資産の評価は、取得又は贈与の時における当該資産の取得のために通常要する価額をもつてするものとする。

（減価償却）

第26条　固定資産のうち時の経過によりその価値を減少するもの（以下「減価償却資産」という。）については、減価償却を行なうものとする。
2　減価償却資産の減価償却の方法は、定額法によるものとする。

（有価証券の評価換え）

第27条　有価証券については、第25条の規定により評価した価額と比較してその時価が著しく低くなつた場合には、その回復が可能と認められるときを除き、時価によつて評価するものとする。

（徴収不能額の引当て）

第28条　金銭債権については、徴収不能のおそれがある場合には、当該徴収不能の見込額を徴収不能引当金に繰り入れるものとする。

第2節　基本金

（基本金）

第29条　学校法人が、その諸活動の計画に基づき必要な資産を継続的に保持するために維持すべきものとして、その事業活動収入のうちから組み入れた金額を基本金とする。

（基本金への組入れ）

第30条 学校法人は、次に掲げる金額に相当する金額を、基本金に組み入れるものとする。

一　学校法人が設立当初に取得した固定資産（法附則第2条第1項に規定する学校法人以外の私立の学校の設置者にあつては、同条第3項の規定による特別の会計を設けた際に有していた固定資産）で教育の用に供されるものの価額又は新たな学校（専修学校及び各種学校を含む。以下この号及び次号において同じ。）の設置若しくは既設の学校の規模の拡大若しくは教育の充実向上のために取得した固定資産の価額

二　学校法人が新たな学校の設置又は既設の学校の規模の拡大若しくは教育の充実向上のために将来取得する固定資産の取得に充てる金銭その他の資産の額

三　基金として継続的に保持し、かつ、運用する金銭その他の資産の額

四　恒常的に保持すべき資金として別に文部科学大臣の定める額

2　前項第2号又は第3号に規定する基本金への組入れは、固定資産の取得又は基金の設定に係る基本金組入計画に従い行なうものとする。

3　学校法人が第1項第1号に規定する固定資産を借入金（学校債を含む。以下この項において同じ。）又は未払金（支払手形を含む。以下この項において同じ。）により取得した場合において、当該借入金又は未払金に相当する金額については、当該借入金又は未払金の返済又は支払（新たな借入金又は未払金によるものを除く。）を行つた会計年度において、返済又は支払を行つた金額に相当する金額を基本金へ組み入れるものとする。

（基本金の取崩し）

第31条　学校法人は、次の各号のいずれかに該当する場合には、当該各号に定める額の範囲内で基本金を取り崩すことができる。

一　その諸活動の一部又は全部を廃止した場合　その廃止した諸活動に係る基本金への組入額

二　その経営の合理化により前条第1項第1号に規定する固定資産を有す

る必要がなくなつた場合　その固定資産の価額
　三　前条第1項第2号に規定する金銭その他の資産を将来取得する固定資産の取得に充てる必要がなくなつた場合　その金銭その他の資産の額
　四　その他やむを得ない事由がある場合　その事由に係る基本金への組入額

　　第3節　貸借対照表の記載方法等
（貸借対照表の記載方法）
第32条　貸借対照表には、資産の部、負債の部及び純資産の部を設け、資産、負債及び純資産の科目ごとに、当該会計年度末の額を前会計年度末の額と対比して記載するものとする。
（貸借対照表の記載科目）
第33条　貸借対照表に記載する科目は、別表第3のとおりとする。
（重要な会計方針等の記載方法）
第34条　引当金の計上基準その他の計算書類の作成に関する重要な会計方針については、当該事項を脚注（注記事項を計算書類の末尾に記載することをいう。以下この条において同じ。）として記載するものとする。
　2　重要な会計方針を変更したときは、その旨、その理由及びその変更による増減額を脚注として記載するものとする。
　3　減価償却資産については、当該減価償却資産に係る減価償却額の累計額を控除した残額を記載し、減価償却額の累計額の合計額を脚注として記載するものとする。ただし、必要がある場合には、当該減価償却資産の属する科目ごとに、減価償却額の累計額を控除する形式で記載することができる。
　4　金銭債権については、徴収不能引当金の額を控除した残額を記載し、徴収不能引当金の合計額を脚注として記載するものとする。ただし、必要がある場合には、当該金銭債権の属する科目ごとに、徴収不能引当金の額を控除する形式で記載することができる。

5　担保に供されている資産については、その種類及び額を脚注として記載するものとする。

6　翌会計年度以後の会計年度において基本金への組入れを行なうこととなる金額については、当該金額を脚注として記載するものとする。

7　当該会計年度の末日において第30条第1項第4号に掲げる金額に相当する資金を有していない場合には、その旨及び当該資金を確保するための対策を脚注として記載するものとする。

8　前各項に規定するもののほか、財政及び経営の状況を正確に判断するために必要な事項については、当該事項を脚注として記載するものとする。

（貸借対照表の様式）

第35条　貸借対照表の様式は、第七号様式のとおりとする。

（附属明細表の記載方法等）

第36条　固定資産明細表、借入金明細表及び基本金明細表には、当該会計年度における固定資産、借入金及び基本金の増減の状況、事由等をそれぞれ第八号様式、第九号様式及び第十号様式に従つて記載するものとする。

第5章　知事所轄学校法人に関する特例

（計算書類の作成に関する特例）

第37条　都道府県知事を所轄庁とする学校法人（以下「知事所轄学校法人」という。）は、第4条の規定にかかわらず、活動区分資金収支計算書又は基本金明細表（高等学校を設置するものにあつては、活動区分資金収支計算書に限る。）を作成しないことができる。

（徴収不能引当ての特例）

第38条　知事所轄学校法人（高等学校を設置するものを除く。次条において同じ。）は、第28条の規定にかかわらず、徴収不能の見込額を徴収不能引当金に繰り入れないことができる。

（基本金組入れに関する特例）

第39条 知事所轄学校法人は、第30条第１項の規定にかかわらず、同項第４号に掲げる金額に相当する金額の全部又は一部を基本金に組み入れないことができる。

第６章　認定こども園である幼保連携施設を構成する幼稚園及び保育所を設置する社会福祉法人に関する特例

第40条 法第14条第１項に規定する学校法人（法附則第２条第１項に規定する学校法人以外の私立の学校の設置者であつて、同条第３項の規定による特別の会計の経理をするものに限る。）のうち、認定こども園（就学前の子どもに関する教育、保育等の総合的な提供の推進に関する法律（平成18年法律第77号）第７条第１項に規定する認定こども園をいう。）である同法第３条第２項の幼保連携施設を構成する幼稚園及び保育所（児童福祉法（昭和22年法律第164号）第39条第１項に規定する保育所をいう。）を設置する社会福祉法人（社会福祉法（昭和26年法律第45号）第22条に規定する社会福祉法人をいう。）については、第１条第１項及び第２項の規定にかかわらず、一般に公正妥当と認められる社会福祉法人会計の基準に従うことができる。

附則

1　この省令は、平成27年４月１日から施行する。
2　改正後の学校法人会計基準の規定は、平成27年度（都道府県知事を所轄庁とする学校法人にあつては、平成28年度）以降の会計年度に係る会計処理及び計算書類の作成について適用し、平成26年度（都道府県知事を所轄庁とする学校法人にあつては、平成27年度）以前の会計年度に係るものについては、なお従前の例による。

付　録

別表第一　資金収支計算書記載科目（第10条関係）

収入の部		
科　　　　目		備　　考
大　科　目	小　科　目	
学生生徒等納付金収入		
	授業料収入	聴講料、補講料等を含む。
	入学金収入	
	実験実習料収入	教員資格その他の資格を取得するための実習料を含む。
	施設設備資金収入	施設拡充費その他施設・設備の拡充等のための資金として徴収する収入をいう。
手数料収入		
	入学検定料収入	その会計年度に実施する入学試験のために徴収する収入をいう。
	試験料収入	編入学、追試験等のために徴収する収入をいう。
	証明手数料収入	在学証明、成績証明等の証明のために徴収する収入をいう。
寄付金収入		土地、建物等の現物寄付金を除く。
	特別寄付金収入	用途指定のある寄付金をいう。
	一般寄付金収入	用途指定のない寄付金をいう。
補助金収入		
	国庫補助金収入	日本私立学校振興・共済事業団からの補助金を含む。
	地方公共団体補助金収入	
資産売却収入		固定資産に含まれない物品の売却収入を除く。
	施設売却収入	
	設備売却収入	
	有価証券売却収入	
付随事業・収益事業収入		
	補助活動収入	食堂、売店、寄宿舎等教育活動に付随する活動に係る事業の収入をいう。
	附属事業収入	附属機関（病院、農場、研究所等）の事業の収入をいう。
	受託事業収入	外部から委託を受けた試験、研究等による収入をいう。
	収益事業収入	収益事業会計からの繰入収入をいう。
受取利息・配当金収入		
	第3号基本金引当特定資産運用収入	第3号基本金引当特定資産の運用により生ずる収入をいう。
	その他の受取利息・配当金収入	預金、貸付金等の利息、株式の配当金等をいい、第3号基本金引当特定資産運用収入を除く。

大　科　目	小　科　目	備　考
雑収入		施設設備利用料収入、廃品売却収入その他学校法人の負債とならない上記の各収入以外の収入をいう。
	施設設備利用料収入	
	廃品売却収入	
借入金等収入		
	長期借入金収入	その期限が貸借対照表日後1年を超えて到来するものをいう。
	短期借入金収入	その期限が貸借対照表日後1年以内に到来するものをいう。
	学校債収入	
前受金収入		翌年度入学の学生、生徒等に係る学生生徒等納付金収入その他の前受金収入をいう。
	授業料前受金収入	
	入学金前受金収入	
	実験実習料前受金収入	
	施設設備資金前受金収入	
その他の収入		上記の各収入以外の収入をいう。
	第2号基本金引当特定資産取崩収入	
	第3号基本金引当特定資産取崩収入	
	(何)引当特定資産取崩収入	
	前期末未収入金収入	前会計年度末における未収入金の当該会計年度における収入をいう。
	貸付金回収収入	
	預り金受入収入	

支出の部

科　目		備　考
大　科　目	小　科　目	
人件費支出		
	教員人件費支出	教員（学長、校長又は園長を含む。以下同じ。）に支給する本俸、期末手当及びその他の手当並びに所定福利費をいう。
	職員人件費支出	教員以外の職員に支給する本俸、期末手当及びその他の手当並びに所定福利費をいう。
	役員報酬支出	理事及び監事に支払う報酬をいう。
	退職金支出	
教育研究経費支出		教育研究のために支出する経費（学生、生徒等を募集するために支出する経費を除く。）をいう。
	消耗品費支出	
	光熱水費支出	電気、ガス又は水の供給を受けるために支出する経費をいう。
	旅費交通費支出	
	奨学費支出	貸与の奨学金を除く。
管理経費支出		
	消耗品費支出	

付　録

	光熱水費支出	
	旅費交通費支出	
借入金等利息支出		
	借入金利息支出	
	学校債利息支出	
借入金等返済支出		
	借入金返済支出	
	学校債返済支出	
施設関係支出		整地費、周旋料等の施設の取得に伴う支出を含む。
	土地支出	
	建物支出	建物に附属する電気、給排水、暖房等の設備のための支出を含む。
	構築物支出	プール、競技場、庭園等の土木設備又は工作物のための支出をいう。
	建設仮勘定支出	建物及び構築物等が完成するまでの支出をいう。
設備関係支出		
	教育研究用機器備品支出	標本及び模型の取得のための支出を含む。
	管理用機器備品支出	
	図書支出	
	車両支出	
	ソフトウエア支出	ソフトウエアに係る支出のうち資産計上されるものをいう。
資産運用支出		
	有価証券購入支出	
	第2号基本金引当特定資産繰入支出	
	第3号基本金引当特定資産繰入支出	
	(何) 引当特定資産繰入支出	
	収益事業元入金支出	収益事業に対する元入額の支出をいう。
その他の支出		
	貸付金支払支出	収益事業に対する貸付金の支出を含む。
	手形債務支払支出	
	前期末未払金支払支出	
	預り金支払支出	
	前払金支払支出	

(注) 1　小科目については、適当な科目を追加し、又は細分することができる。
　　 2　小科目に追加する科目は、形態分類による科目でなければならない。ただし、形態分類によることが困難であり、かつ、金額が僅少なものについては、この限りでない。
　　 3　大科目と小科目の間に適当な中科目を設けることができる。
　　 4　都道府県知事を所轄庁とする学校法人にあつては、教育研究経費支出の科目及び管理経費支出の科目に代えて、経費支出の科目を設けることができる。
　　 5　都道府県知事を所轄庁とする学校法人にあつては、教育研究用機器備品支出の科目及び管理用機器備品支出の科目に代えて、機器備品支出の科目を設けることができる。

別表第二　事業活動収支計算書記載科目（第19条関係）

科目		備考
大科目	小科目	
学生生徒等納付金	授業料	聴講料、補講料等を含む。
	入学金	
	実験実習料	教員資格その他の資格を取得するための実習料を含む。
	施設設備資金	施設拡充費その他施設・設備の拡充等のための資金として徴収する収入をいう。
手数料	入学検定料	その会計年度に実施する入学試験のために徴収する収入をいう。
	試験料	編入学、追試験等のために徴収する収入をいう。
	証明手数料	在学証明、成績証明等の証明のために徴収する収入をいう。
寄付金	特別寄付金	施設設備寄付金以外の寄付金をいう。
	一般寄付金	用途指定のない寄付金をいう。
	現物寄付	施設設備以外の現物資産等の受贈額をいう。
経常費等補助金	国庫補助金	施設設備補助金以外の補助金をいう。日本私立学校振興・共済事業団からの補助金を含む。
	地方公共団体補助金	
付随事業収入	補助活動収入	食堂、売店、寄宿舎等教育活動に付随する活動に係る事業の収入をいう。
	附属事業収入	附属機関（病院、農場、研究所等）の事業の収入をいう。
	受託事業収入	外部から委託を受けた試験、研究等による収入をいう。
雑収入		施設設備利用料、廃品売却収入その他学校法人の負債とならない上記の各収入以外の収入をいう。
	施設設備利用料	
	廃品売却収入	売却する物品に帳簿残高がある場合には、売却収入が帳簿残高を超える額をいう。

科目		備考
大科目	小科目	
人件費	教員人件費	教員（学長、校長又は園長を含む。以下同じ。）に支給する本俸、期末手当及びその他の手当並びに所定福利費をいう。

事業活動収入の部／教育活動収支

付　　録

			科　　目	備　　考
教育活動収支	事業活動支出の部		職員人件費	教員以外の職員に支給する本俸、期末手当及びその他の手当並びに所定福利費をいう。
			役員報酬	理事及び監事に支払う報酬をいう。
			退職給与引当金繰入額	
			退職金	退職給与引当金への繰入れが不足していた場合には、当該会計年度における退職金支払額と退職給与引当金計上額との差額を退職金として記載するものとする。
		教育研究経費		教育研究のために支出する経費（学生、生徒等を募集するために支出する経費を除く。）をいう。
			消耗品費	
			光熱水費	電気、ガス又は水の供給を受けるために支出する経費をいう。
			旅費交通費	
			奨学費	貸与の奨学金を除く。
			減価償却額	教育研究用減価償却資産に係る当該会計年度分の減価償却額をいう。
		管理経費		
			消耗品費	
			光熱水費	
			旅費交通費	
			減価償却額	管理用減価償却資産に係る当該会計年度分の減価償却額をいう。
		徴収不能額等		
			徴収不能引当金繰入額	
			徴収不能額	徴収不能引当金への繰入れが不足していた場合には、当該会計年度において徴収不能となつた金額と徴収不能引当金計上額との差額を徴収不能額として記載するものとする。

		科　　目		備　　考
		大　科　目	小　科　目	
教育活動外収支	事業活動収入の部	受取利息・配当金		
			第３号基本金引当特定資産運用収入	第３号基本金引当特定資産の運用により生ずる収入をいう。
			その他の受取利息・配当金	預金、貸付金等の利息、株式の配当金等をいい、第３号基本金引当特定資産運用収入を除く。
		その他の教育活動外収入		
			収益事業収入	収益事業会計からの繰入収入をいう。

		科　　目		備　　考
		大　科　目	小　科　目	
	事業活動支出の部	借入金等利息		
			借入金利息	
			学校債利息	
		その他の教育活動外支出		

173

		科	目	備　　考
特別収支	事業活動収入の部	大　科　目	小　科　目	
		資産売却差額		資産売却収入が当該資産の帳簿残高を超える場合のその超過額をいう。
		その他の特別収入		
			施設設備寄付金	施設設備の拡充等のための寄付金をいう。
			現物寄付	施設設備の受贈額をいう。
			施設設備補助金	施設設備の拡充等のための補助金をいう。
			過年度修正額	前年度以前に計上した収入又は支出の修正額で当年度の収入となるもの。
		科	目	備　　考
	事業活動支出の部	大　科　目	小　科　目	
		資産処分差額		資産の帳簿残高が当該資産の売却収入金額を超える場合のその超過額をいい、除却損又は廃棄損を含む。
		その他の特別支出		
			災害損失	
			過年度修正額	前年度以前に計上した収入又は支出の修正額で当年度の支出となるもの。

(注)　1　小科目については、適当な科目を追加し、又は細分することができる。
　　　2　小科目に追加する科目は、形態分類による科目でなければならない。ただし、形態分類によることが困難であり、かつ、金額が僅少なものについては、この限りでない。
　　　3　大科目と小科目の間に適当な科目を設けることができる。
　　　4　都道府県知事を所轄庁とする学校法人にあつては、教育研究経費の科目及び管理経費の科目に代えて、経費の科目を設けることができる。

付　　録

別表第三　貸借対照表記載科目（第33条関係）

資産の部				
科　　　目			備　　　考	
大　科　目	中　科　目	小　科　目		
固定資産				
	有形固定資産		貸借対照表日後1年を超えて使用される資産をいう。耐用年数が1年未満になつているものであつても使用中のものを含む。	
		土地		
		建物	建物に附属する電気、給排水、暖房等の設備を含む。	
		構築物	プール、競技場、庭園等の土木設備又は工作物をいう。	
		教育研究用機器備品	標本及び模型を含む。	
		管理用機器備品		
		図書		
		車両		
		建設仮勘定	建設中又は製作中の有形固定資産をいい、工事前払金、手付金等を含む。	
	特定資産		使途が特定された預金等をいう。	
		第2号基本金引当特定資産		
		第3号基本金引当特定資産		
		（何）引当特定資産		
	その他の固定資産			
		借地権	地上権を含む。	
		電話加入権	専用電話、加入電話等の設備に要する負担金額をいう。	
		施設利用権		
		ソフトウエア		
		有価証券	長期に保有する有価証券をいう。	
		収益事業元入金	収益事業に対する元入額をいう。	
		長期貸付金	その期限が貸借対照表日後1年を超えて到来するものをいう。	
流動資産				
		現金預金		
		未収入金	学生生徒等納付金、補助金等の貸借対照表日における未収額をいう。	
		貯蔵品	減価償却の対象となる長期的な使用資産を除く。	
		短期貸付金	その期限が貸借対照表日後1年以内に到来するものをいう。	

科	目	備　考
大　科　目	小　科　目	
	有価証券	一時的に保有する有価証券をいう。

負債の部

科	目	備　考
大　科　目	小　科　目	
固定負債		
	長期借入金	その期限が貸借対照表日後1年を超えて到来するものをいう。
	学校債	同上
	長期未払金	同上
	退職給与引当金	退職給与規程等による計算に基づく退職給与引当額をいう。
流動負債		
	短期借入金	その期限が貸借対照表日後1年以内に到来するものをいい、資金借入れのために振り出した手形上の債務を含む。
	1年以内償還予定学校債	その期限が貸借対照表日後1年以内に到来するものをいう。
	手形債務	物品の購入のために振り出した手形上の債務に限る。
	未払金	
	前受金	
	預り金	教職員の源泉所得税、社会保険料等の預り金をいう。

純資産の部

科	目	備　考
大　科　目	小　科　目	
基本金		
	第1号基本金	第30条第1項第1号に掲げる額に係る基本金をいう。
	第2号基本金	第30条第1項第2号に掲げる額に係る基本金をいう。
	第3号基本金	第30条第1項第3号に掲げる額に係る基本金をいう。
	第4号基本金	第30条第1項第4号に掲げる額に係る基本金をいう。
繰越収支差額		
	翌年度繰越収支差額	

(注)　1　小科目については、適当な科目を追加し、又は細分することができる。
　　　2　都道府県知事を所轄庁とする学校法人にあつては、教育研究用機器備品の科目及び管理用機器備品の科目に代えて、機器備品の科目を設けることができる。

付　録

第一号様式（第12条関係）

資　金　収　支　計　算　書
年　月　日から
年　月　日まで

（単位　円）

収入の部				
科　　目		予　算	決　算	差　異
学生生徒等納付金収入				
授業料収入				
入学金収入				
実験実習料収入				
施設設備資金収入				
（何）				
手数料収入				
入学検定料収入				
試験料収入				
証明手数料収入				
（何）				
寄付金収入				
特別寄付金収入				
一般寄付金収入				
補助金収入				
国庫補助金収入				
地方公共団体補助金収入				
（何）				
資産売却収入				
施設売却収入				
設備売却収入				
有価証券売却収入				
（何）				
付随事業・収益事業収入				
補助活動収入				
附属事業収入				
受託事業収入				
収益事業収入				

科　　　目	予　算	決　算	差　異
（何）			
受取利息・配当金収入			
第3号基本金引当特定資産運用収入			
その他の受取利息・配当金収入			
雑収入			
施設設備利用料収入			
廃品売却収入			
（何）			
借入金等収入			
長期借入金収入			
短期借入金収入			
学校債収入			
前受金収入			
授業料前受金収入			
入学金前受金収入			
実験実習料前受金収入			
施設設備資金前受金収入			
（何）			
その他の収入			
第2号基本金引当特定資産取崩収入			
第3号基本金引当特定資産取崩収入			
（何）引当特定資産取崩収入			
前期末未収入金収入			
貸付金回収収入			
預り金受入収入			
（何）			
資金収入調整勘定	△	△	
期末未収入金	△	△	
前期末前受金	△	△	
（何）	△	△	
前年度繰越支払資金			
収入の部合計			

支出の部

科　　　目	予　算	決　算	差　異
人件費支出			
教員人件費支出			
職員人件費支出			
役員報酬支出			
退職金支出			
（何）			

教育研究経費支出			
消耗品費支出			
光熱水費支出			
旅費交通費支出			
奨学費支出			
（何）			
管理経費支出			
消耗品費支出			
光熱水費支出			
旅費交通費支出			
（何）			
借入金等利息支出			
借入金利息支出			
学校債利息支出			
借入金等返済支出			
借入金返済支出			
学校債返済支出			
施設関係支出			
土地支出			
建物支出			
構築物支出			
建設仮勘定支出			
（何）			
設備関係支出			
教育研究用機器備品支出			
管理用機器備品支出			
図書支出			
車両支出			
ソフトウエア支出			
（何）			
資産運用支出			
有価証券購入支出			
第２号基本金引当特定資産繰入支出			
第３号基本金引当特定資産繰入支出			
（何）引当特定資産繰入支出			
収益事業元入金支出			
（何）			
その他の支出			
貸付金支払支出			

付　録

179

手形債務支払支出			
前期末未払金支払支出			
預り金支払支出			
前払金支払支出			
（何）			
〔予備費〕	（　　）		
資金支出調整勘定	△	△	
期末未払金	△	△	
前期末前払金	△	△	
（何）	△	△	
翌年度繰越支払資金			
支出の部合計			

(注) 1　この表に掲げる科目に計上すべき金額がない場合には、当該科目を省略する様式によるものとする。
　　 2　この表に掲げる科目以外の科目を設けている場合には、その科目を追加する様式によるものとする。
　　 3　予算の欄の予備費の項の（　）内には、予備費の使用額を記載し、（　）外には、未使用額を記載する。予備費の使用額は、該当科目に振り替えて記載し、その振替科目及びその金額を注記する。

付　録

第二号様式（第13条関係）

資 金 収 支 内 訳 表

年　月　日から
年　月　日まで

収 入 の 部

（単位　円）

科目 ＼ 部門	学校法人	(何)学部	大学 計	(何)幼稚園	研究所	(何)病院	総額
学生生徒等納付金収入							
授業料収入							
入学金収入							
実験実習料収入							
施設設備資金収入							
（何）							
手数料収入							
入学検定料収入							
試験料収入							
証明手数料収入							
（何）							
寄付金収入							
特別寄付金収入							
一般寄付金収入							
補助金収入							
国庫補助金収入							
地方公共団体補助金収入							
（何）							
資産売却収入							
施設売却収入							
設備売却収入							
有価証券売却収入							
（何）							
付随事業・収益事業収入							
補助活動収入							

科目						
附属事業収入						
受託事業収入						
収益事業収入						
（何）						
受取利息・配当金収入						
第３号基本金引当特定資産運用収入						
その他の受取利息・配当金収入						
雑収入						
施設設備利用料収入						
廃品売却収入						
（何）						
借入金等収入						
長期借入金収入						
短期借入金収入						
学校債収入						
計						

支 出 の 部

(単位　円)

科目＼部門	学校法人	（何）学部	大学 計	（何）幼稚園	研究所	（何）病院	総額
人件費支出							
教員人件費支出							
職員人件費支出							
役員報酬支出							
退職金支出							
（何）							
教育研究経費支出							
消耗品費支出							
光熱水費支出							
旅費交通費支出							
奨学費支出							
（何）							
管理経費支出							
消耗品費支出							
光熱水費支出							
旅費交通費支出							
（何）							

借入金等利息支出										
借入金利息支出										
学校債利息支出										
借入金等返済支出										
借入金返済支出										
学校債返済支出										
施設関係支出										
土地支出										
建物支出										
構築物支出										
建設仮勘定支出										
(何)										
設備関係支出										
教育研究用機器備品支出										
管理用機器備品支出										
図書支出										
車両支出										
ソフトウエア支出										
(何)										
計										

(注)　1　学校法人が現に有している部門のみを掲げる様式によるものとする。
　　　2　この表に掲げる科目に計上すべき金額がない場合には、当該科目を省略する様式によるものとする。
　　　3　この表に掲げる科目以外の科目を設けている場合には、その科目を追加する様式によるものとする。
　　　4　どの部門の収入又は支出であるか明らかでない収入又は支出は、教員数又は在学者数の比率等を勘案して、合理的に各部門に配付する。

第三号様式（第14条関係）

人 件 費 支 出 内 訳 表

　　　年　月　日から
　　　年　月　日まで

（単位　円）

科目＼部門	学校法人	（何）学部	大学 計	（何）幼稚園	研究所	（何）病院		総額
教員人件費支出								
本務教員								
本俸								
期末手当								
その他の手当								
所定福利費								
（何）								
兼務教員								
職員人件費支出								
本務職員								
本俸								
期末手当								
その他の手当								
所定福利費								
（何）								
兼務職員								
役員報酬支出								
退職金支出								
教　員								
職　員								
（何）								
計								

（注）　1　学校法人が現に有している部門のみを掲げる様式によるものとする。
　　　　2　どの部門の支出であるか明らかでない人件費支出は、教員数又は職員数の比率等を勘案して、合理的に各部門に配付する。

付　録

第四号様式（第14条の２関係）

活 動 区 分 資 金 収 支 計 算 書

年　月　日から
年　月　日まで

（単位　円）

		科　　目	金額
教育活動による資金収支	収入	学生生徒等納付金収入	
		手数料収入	
		特別寄付金収入	
		一般寄付金収入	
		経常費等補助金収入	
		付随事業収入	
		雑収入	
		（何）	
		教育活動資金収入計	
	支出	人件費支出	
		教育研究経費支出	
		管理経費支出	
		教育活動資金支出計	
		差引	
		調整勘定等	
	教育活動資金収支差額		

		科　　目	金額
施設整備等活動による資金収支	収入	施設設備寄付金収入	
		施設設備補助金収入	
		施設設備売却収入	
		第２号基本金引当特定資産取崩収入	
		（何）引当特定資産取崩収入	
		（何）	
		施設整備等活動資金収入計	
	支出	施設関係支出	
		設備関係支出	
		第２号基本金引当特定資産繰入支出	
		（何）引当特定資産繰入支出	
		（何）	
		施設整備等活動資金支出計	
		差引	
		調整勘定等	
	施設整備等活動資金収支差額		
小計（教育活動資金収支差額＋施設整備等活動資金収支差額）			

		科　　目	金額
その他の活動による資金収支	収入	借入金等収入	
		有価証券売却収入	
		第３号基本金引当特定資産取崩収入	
		（何）引当特定資産取崩収入	
		（何）	
		小計	
		受取利息・配当金収入	
		収益事業収入	
		（何）	
		その他の活動資金収入計	
	支出	借入金等返済支出	
		有価証券購入支出	
		第３号基本金引当特定資産繰入支出	
		（何）引当特定資産繰入支出	
		収益事業元入金支出	
		（何）	
		小計	
		借入金等利息支出	
		（何）	
		その他の活動資金支出計	
	差引		
	調整勘定等		
その他の活動資金収支差額			
支払資金の増減額（小計＋その他の活動資金収支差額）			
前年度繰越支払資金			
翌年度繰越支払資金			

(注)　1　この表に掲げる科目に計上すべき金額がない場合には、当該科目を省略する様式によるものとする。
　　　2　この表に掲げる科目以外の科目を設けている場合には、その科目を追加する様式によるものとする。
　　　3　調整勘定等の項には、活動区分ごとに、資金収支計算書の調整勘定（期末未収入金、前期末前受金、期末未払金、前期末前払金等）に調整勘定に関連する資金収入（前受金収入、前期末未収入金収入等）及び資金支出（前期末未払金支払支出、前払金支払支出等）を相互に加減した額を記載する。また、活動区分ごとの調整勘定等の加減の計算過程を注記する。

付　録

第五号様式（第23条関係）

事 業 活 動 収 支 計 算 書
年　月　日から
年　月　日まで

（単位　円）

		科　　　目	予　算	決　算	差　異
教育活動収支	事業活動収入の部	学生生徒等納付金			
		授業料			
		入学金			
		実験実習料			
		施設設備資金			
		（何）			
		手数料			
		入学検定料			
		試験料			
		証明手数料			
		（何）			
		寄付金			
		特別寄付金			
		一般寄付金			
		現物寄付			
		経常費等補助金			
		国庫補助金			
		地方公共団体補助金			
		（何）			
		付随事業収入			
		補助活動収入			
		附属事業収入			
		受託事業収入			
		（何）			
		雑収入			
		施設設備利用料			
		廃品売却収入			
		（何）			
		教育活動収入計			
		科　　　目	予　算	決　算	差　異
		人件費			
		教員人件費			
		職員人件費			
		役員報酬			

187

			予　算	決　算	差　異
教育活動収支	事業活動支出の部	退職給与引当金繰入額			
		退職金			
		（何）			
		教育研究経費			
		消耗品費			
		光熱水費			
		旅費交通費			
		奨学費			
		減価償却額			
		（何）			
		管理経費			
		消耗品費			
		光熱水費			
		旅費交通費			
		減価償却額			
		（何）			
		徴収不能額等			
		徴収不能引当金繰入額			
		徴収不能額			
		教育活動支出計			
		教育活動収支差額			
教育活動外収支	事業活動収入の部	科　　　　目	予　算	決　算	差　異
		受取利息・配当金			
		第3号基本金引当特定資産運用収入			
		その他の受取利息・配当金			
		その他の教育活動外収入			
		収益事業収入			
		（何）			
		教育活動収入計			
	事業活動支出の部	科　　　　目	予　算	決　算	差　異
		借入金等利息			
		借入金利息			
		学校債利息			
		その他の教育活動外支出			
		（何）			
		教育活動外支出計			
		教育活動外収支差額			
		経常収支差額			
特別収支	事業活動収入の部	科　　　　目	予　算	決　算	差　異
		資産売却差額			
		（何）			
		その他の特別収入			
		施設設備寄付金			
		現物寄付			
		施設設備補助金			
		過年度修正額			
		（何）			

付　録

		科　　目	予　算	決　算	差　異
特別収支	事業活動支出の部	特別収入計			
		資産処分差額			
		（何）			
		その他の特別支出			
		災害損失			
		過年度修正額			
		（何）			
		特別支出計			
		特別収支差額			
〔予備費〕			(　　　)		
基本金組入前当年度収支差額					
基本金組入額合計			△	△	
当年度収支差額					
前年度繰越収支差額					
基本金取崩額					
翌年度繰越収支差額					
(参考)					
事業活動収入計					
事業活動支出計					

（注）　1　この表に掲げる科目に計上すべき金額がない場合には、当該科目を省略する様式によるものとする。
　　　　2　この表に掲げる科目以外の科目を設けている場合には、その科目を追加する様式によるものとする。
　　　　3　予算の欄の予備費の項の（　）内には、予備費の使用額を記載し、（　）外には、未使用額を記載する。予備費の使用額は、該当科目に振り替えて記載し、その振替科目及びその金額を注記する。

第六号様式（第24条関係）

$$事　業　活　動　収　支　内　訳　表$$

　　　年　月　日から
　　　年　月　日まで

（単位　円）

科目 \ 部門		学校法人	(何)大学	(何)幼稚園	研究所	(何)病院	総額
教育活動収支	事業活動収入の部						
	学生生徒等納付金						
	授業料						
	入学金						
	実験実習料						
	施設設備資金						
	(何)						
	手数料						
	入学検定料						
	試験料						
	証明手数料						
	(何)						
	寄付金						
	特別寄付金						
	一般寄付金						
	現物寄付						
	経常費等補助金						
	国庫補助金						
	地方公共団体補助金						
	(何)						
	付随事業収入						
	補助活動収入						
	附属事業収入						
	受託事業収入						
	(何)						
	雑収入						
	施設設備利用料						
	廃品売却収入						
	(何)						
	教育活動収入計						
	人件費						
	教員人件費						
	職員人件費						
	役員報酬						

教育活動収支	事業活動支出の部	退職給与引当金繰入額								
		退職金								
		(何)								
		教育研究経費								
		消耗品費								
		光熱水費								
		旅費交通費								
		奨学費								
		減価償却額								
		(何)								
		管理経費								
		消耗品費								
		光熱水費								
		旅費交通費								
		減価償却額								
		(何)								
		徴収不能額等								
		徴収不能引当金繰入額								
		徴収不能額								
		教育活動支出計								
	教育活動収支差額									
教育活動外収支	事業活動収入の部	受取利息・配当金								
		第3号基本金引当特定資産運用収入								
		その他の受取利息・配当金								
		その他の教育活動外収入								
		収益事業収入								
		(何)								
		教育活動外収入計								
	事業活動支出の部	借入金等利息								
		借入金利息								
		学校債利息								
		その他の教育活動外支出								
		(何)								
		教育活動外支出計								
	教育活動外収支差額									
	経常収支差額									
特別収支	事業活動収入の部	資産売却差額								
		(何)								
		その他の特別収入								
		施設設備寄付金								
		現物寄付								
		施設設備補助金								
		過年度修正額								
		(何)								
		特別収入計								
		資産処分差額								
		(何)								

	その他の特別支出										
	災害損失										
	過年度修正額										
	（何）										
	特別支出計										
	特別収支差額										
基本金組入前当年度収支差額											
基本金組入額合計		△	△	△		△	△	△	△		△
当年度収支差額											
（参考）											
事業活動収入計											
事業活動支出計											

(注) 1 学校法人が現に有している部門のみを掲げる様式によるものとする。
2 この表に掲げる科目に計上すべき金額がない場合には、当該科目を省略する様式によるものとする。
3 この表に掲げる科目以外の科目を設けている場合には、その科目を追加する様式によるものとする。
4 どの部門の事業活動収入又は事業活動支出であるか明らかでない事業活動収入又は事業活動支出は、教員数又は在籍者数の比率等を勘案して、合理的に各部門に配付する。

第七号様式（第35条関係）

貸 借 対 照 表

年 月 日

(単位 円)

資産の部			
科目	本年度末	前年度末	増　減
固定資産			
有形固定資産			
土地			
建物			
構築物			
教育研究用機器備品			
管理用機器備品			
図書			
車両			
建設仮勘定			
（何）			
特定資産			
第2号基本金引当特定資産			
第3号基本金引当特定資産			
（何）引当特定資産			
その他の固定資産			
借地権			
電話加入権			
施設利用権			
ソフトウエア			
有価証券			
収益事業元入金			
長期貸付金			
（何）			
流動資産			
現金預金			
未収入金			
貯蔵品			
短期貸付金			
有価証券			
（何）			

資産の部合計			
負債の部			
科目	本年度末	前年度末	増　減
固定負債			
長期借入金			
学校債			
長期未払金			
退職給与引当金			
（何）			
流動負債			
短期借入金			
１年以内償還予定学校債			
手形債務			
未払金			
前受金			
預り金			
（何）			
負債の部合計			
純資産の部			
科目	本年度末	前年度末	増　減
基本金			
第１号基本金			
第２号基本金			
第３号基本金			
第４号基本金			
繰越収支差額			
翌年度繰越収支差額			
純資産の部合計			
負債及び純資産の部合計			

　　注記　重要な会計方針
　　　　　重要な会計方針の変更等
　　　　　減価償却額の累計額の合計額
　　　　　徴収不能引当金の合計額
　　　　　担保に供されている資産の種類及び額
　　　　　翌会計年度以後の会計年度において基本金への組入れを行うこととなる金額
　　　　　当該会計年度の末日において第４号基本金に相当する資金を有していない場合のその旨と対策
　　　　　その他財政及び経営の状況を正確に判断するために必要な事項

　　（注）１　この表に掲げる科目に計上すべき金額がない場合には、当該科目を省略する様式によるものとする。
　　　　　２　この表に掲げる科目以外の科目を設けている場合には、その科目を追加する様式によるものとする。

付　録

第八号様式（第36条関係）

固 定 資 産 明 細 表
年　月　日から
年　月　日まで

（単位　円）

科　目		期首残高	当期増加額	当期減少額	期末残高	減価償却額の累計額	差引期末残高	摘要
有形固定資産	土地							
	建物							
	構築物							
	教育研究用機器備品							
	管理用機器備品							
	図書							
	車両							
	建設仮勘定							
	（何）							
	計							
特定資産	第2号基本金引当特定資産							
	第3号基本金引当特定資産							
	（何）引当特定資産							
	計							
その他の固定資産	借地権							
	電話加入権							
	施設利用権							
	ソフトウエア							
	有価証券							
	収益事業元入金							
	長期貸付金							
	（何）							
	計							
合　計								

（注）1　この表に掲げる科目に計上すべき金額がない場合には、当該科目を省略する様式によるものとする。
　　　2　この表に掲げる科目以外の科目を設けている場合には、その科目を追加する様式によるものとする。
　　　3　期末残高から減価償却額の累計額を控除した残高を差引期末残高の欄に記載する。
　　　4　贈与、災害による廃棄その他特殊な事由による増加若しくは減少があった場合又は同一科目について資産総額の1／100に相当する金額（その額が3,000万円を超える場合には、3,000万円）を超える額の増加若しくは減少があった場合には、それぞれその事由を摘要の欄に記載する。

第九号様式（第36条関係）

借 入 金 明 細 表

年　月　日から
年　月　日まで

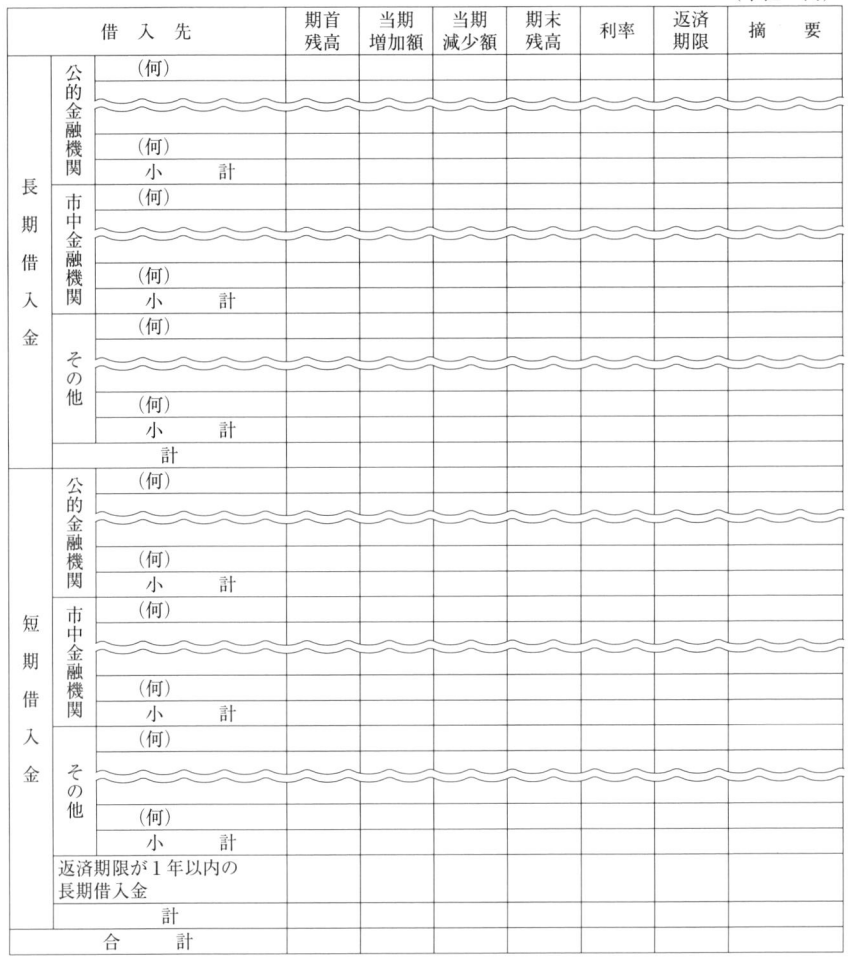

(単位　円)

借 入 先			期首残高	当期増加額	当期減少額	期末残高	利率	返済期限	摘　要
長期借入金	公的金融機関	（何）							
		（何）							
		小　　計							
	市中金融機関	（何）							
		（何）							
		小　　計							
	その他	（何）							
		（何）							
		小　　計							
	計								
短期借入金	公的金融機関	（何）							
		（何）							
		小　　計							
	市中金融機関	（何）							
		（何）							
		小　　計							
	その他	（何）							
		（何）							
		小　　計							
	返済期限が1年以内の長期借入金								
	計								
合　　　計									

(注)　1　摘要の欄には、借入金の使途及び担保物件の種類を記載する。
　　　2　同一の借入先について複数の契約口数がある場合には、借入先別に一括し、利率、返済期限、借入金の使途及び担保物件の種類について要約して記載することができる。

付　録

第十号様式（第36条関係）

基　本　金　明　細　表
年　月　日から
年　月　日まで

（単位　円）

事　項	要組入高	組　入　高	未組入高	摘　　要
第１号基本金				
前期繰越高				
当期組入高				
（何）				
計				
当期取崩高				
（何）	△	△		
計	△	△		
当期末残高				
第２号基本金				
前期繰越高	－		－	
当期組入高				
（何）	－		－	
計	－			
当期取崩高				
（何）	－	△	－	
計	－	△		
当期末残高	－		－	
第３号基本金				
前期繰越高	－		－	
当期組入高				
（何）	－		－	
計	－		－	
当期取崩高				
（何）	－	△	－	
計	－	△		
当期末残高	－		－	
第４号基本金				
前期繰越高				
当期組入高				
当期取崩高	△	△		

当期末残高				
合　　　計				
前期繰越高	―			
当期組入高	―			
当期取崩高	―	△		
当期末残高	―			

(注) 1　この表に掲げる事項に計上すべき金額がない場合には、当該事項を省略する様式によるものとする。
　　 2　当期組入高及び当期取崩高については、組入れ及び取崩しの原因となる事実ごとに記載する。ただし、第3号基本金以外の基本金については、当期組入れの原因に係る事実に係る金額の合計額が前期繰越高の100分の1に相当する金額（その金額が3,000万円を超える場合には、3,000万円）を超えない場合には、資産の種類等により一括して記載することができる。
　　 3　要組入高の欄には、第1号基本金にあつては取得した固定資産の価額に相当する金額を、第4号基本金にあつては第30条第1項第4号の規定により文部科学大臣が定めた額を記載する。
　　 4　未組入高の欄には、要組入高から組入高を減じた額を記載する。

(備考)
　　第2号基本金及び第3号基本金については、この表の付表として、基本金の組入れに係る計画等を記載した表を次の様式に従い作成し、添付するものとする。

付　録

様式第一の一

第2号基本金の組入れに係る計画集計表

（単位　円）

番号	計画の名称	第2号基本金当期末残高
	計	

（注）計画が1件のみの場合は本表の作成を要しない。

様式第一の二

第 2 号 基 本 金 の 組 入 れ に 係 る 計 画 表

番号：　　　　　　　　　　　　　　　　　　　　　　　　　　　　　（単位　円）

計画の名称				
固定資産の取得計画及び基本金組入計画の決定機関及び決定年月日	決定機関	当初決定の年月日	変更決定の年月日	摘　要
固定資産の取得計画及びその実行状況	取得予定固定資産（種類）	取得予定年度	取得年度	取得額	第2号基本金から第1号基本金への振替額	摘　要
				計	計	
基本金組入計画及びその実行状況	組入計画年度	組入予定額	組入額	摘　要
		計	計	第2号基本金当期末残高

（注）1．取得予定固定資産の所要見込総額を、当該摘要の欄に記載する。
　　　2．組入予定額及び組入額は、組入計画年度ごとに記載する。

様式第二の一

第 3 号基本金の組入れに係る計画集計表

(単位 円)

番号	基金の名称	第3号基本金引当特定資産運用収入	第3号基本金当期末残高
	計		

(注) 計画が1件のみの場合は本表の作成を要しない。

様式第二の二

第 3 号 基 本 金 の 組 入 れ に 係 る 計 画 表

番号：　　　　　　　　　　　　　　　　　　　　　　　　　　　(単位 円)

基金の名称 (目的)				
基金の設定計画及び基本金組入計画の決定機関及び決定年月日	決定機関	当初決定の年月日	変更決定の年月日	摘　要
基金を運用して行う事業				
基本金組入計画及びその実行状況	組入目標額			
	組入計画年度	組入予定額	組入額	摘　要
	計	計		

(注) 1. この計画表は、組入額が組入目標額に達するまでの間、作成する。
　　 2. 組入予定額及び組入額は、組入計画年度ごとに記載する。

様式第二の三

第 3 号 基 本 金 の 組 入 れ に 係 る 計 画 表

番号：　　　　　　　　　　　　　　　　　　　　　　　　　　　(単位 円)

基金の名称	基金設定計画の当初決定の年月日	基金の期首額	運用果実の事業使用残額	特別寄付金の額	基金の期末額	摘要

(注) この計画表は、当年度の基本金組入額が、基金の運用果実の事業使用残額又は学校法人の募集によらない特別寄付金の額のみである場合に、様式第二の二に代えて作成することができる。(ただし、当該基金の設定後初めて作成するときを除く。)

【編者紹介】

太陽有限責任監査法人

　1971年設立。上場会社の監査クライアント数国内第4位の監査法人。歴史ある上場会社、近年上場を果たした企業、上場準備企業、金融機関、学校法人、独立行政法人、公益法人など、多様な規模と業種のクライアントを有しており、設立から40年以上の経験により培った多彩なノウハウの蓄積に基づき、高品質な監査やアドバイザリーサービスを提供している。また、世界6大会計事務所のひとつであるグラント・ソントン・インターナショナルのメンバーファームとして、経済社会のグローバリゼーション、会計および監査の国際的なコンバージェンスにも対応している。

〔本部・東京事務所〕
　〒107-0052　東京都港区赤坂 8-1-22　赤坂王子ビル5階
　TEL：03-5474-0111　FAX：03-5474-0112

〔大阪事務所〕
　〒530-0015　大阪府大阪市北区中崎西 2-4-12　梅田センタービル25階
　TEL：06-6373-3030　FAX：06-6373-3303

〔名古屋事務所〕
　〒450-0002　愛知県名古屋市中村区名駅 4-6-23　第三堀内ビル7階
　TEL：052-569-5609　FAX：052-569-5606

〔北陸事務所〕
　〒920-0031　石川県金沢市広岡 1-1-18　伊藤忠金沢ビル6階
　TEL：076-231-3270　FAX：076-263-9181

　このほか、国内拠点として、神戸オフィス、福井オフィス、富山オフィスを設置し、海外拠点として、アメリカ、イギリス、中国、インド、インドネシア、マレーシア、フィリピン、シンガポール、タイに駐在員を派遣している。

【執筆者一覧】

太陽有限責任監査法人

田尻　慶太	パートナー／公認会計士
石井　雅也	パートナー／公認会計士
中田　陽子	マネジャー／公認会計士
藤田　暁子	マネジャー

平成27年7月1日　初版発行　　　　　　　　《検印省略》
　　　　　　　　　　　　　　　　　　略称：学校法人会計

やさしくわかる学校法人会計

　編　者　　Ⓒ太陽有限責任監査法人
　発行者　　中　島　治　久

発行所　　同文舘出版株式会社
　　　　　東京都千代田区神田神保町1-41　〒101-0051
　　　　　電話 営業(03)3294-1801　編集(03)3294-1803
　　　　　振替 00100-8-42935
　　　　　http://www.dobunkan.co.jp

Printed in Japan 2015　　　　　　　　　　製版：一企画
　　　　　　　　　　　　　　　　　　印刷・製本：萩原印刷

ISBN 978-4-495-20261-3

[JCOPY]〈出版者著作権管理機構 委託出版物〉
本書の無断複製は著作権法上での例外を除き禁じられています。複製される場合は，そのつど事前に，出版者著作権管理機構（電話 03-3513-6969, FAX 03-3513-6979, e-mail: info@jcopy.or.jp）の許諾を得てください。